超越對與錯

看穿論斷創造無限可能

歐倩文　著

目錄 Contents

前言
Preface

專注在問題上，你不會找到解答，所以不要專注在問題上！去看其他人看不到的事。

電影《心靈點滴》（1998）

發現成功的屏障

自有記憶以來，就認為對與錯是絕對的。每個人都應該有一把「對」與「錯」的心靈尺度，用來判斷好與壞；做「對」事情的人，代表他們正確地使用這心靈尺度，憑藉良心做出利人利己的決定，做「錯」事情的人，代表他們埋沒良心，忽視心靈尺度，做出自私自利的決定。

然而，大多數的情況，這「對」與「錯」不是絕對的「對」與「錯」，它只是大腦的保護模式，也是阻礙成功的屏障。

中學一年級，有一天放學回家，媽媽相當興奮地告訴我，她在別人家門口撿了一個又漂亮又華麗的花瓶，她很開心，她覺得她很幸運，她期待我與她一同興高采

烈，但我展現出厭惡的表情，並花了二十分鐘的時間，用我的心尺，教導她這是「錯」的事情，在不確定別人是否真的丟棄這花瓶的前題下，不應該撿別人的東西，這叫做貪心。

當時我相當流暢及有條理地對一個長輩說理，向她解釋及論斷她所做的事情為何不對，站在旁邊的哥哥也一直點頭表示同意我的言論；年僅十三歲的我，第一次深刻感受到「對」為我帶來的滿足及優越感。

經過令自己讚嘆的說理後，自信滿滿的我，心裡興奮期待媽媽的稱讚，因為我提醒她去做「對」的事；但是，回應我的卻是她難過的表情，她說：「供養你讀書，不是讓你學懂批評我，如果知識讓你批評我，那麼我後悔讓你讀書。」

媽媽的表情及回應，跟我的期待完全不一樣，疑惑的我回房間後，不斷重複思考我說出的道理及理論到底那裡不對及那裡出錯，以致讓媽媽出現難過的表情；當時我得出的結論是：我是「對」的，媽媽也知道我是「對」的，只是我的言論讓她沒有面子，面子是她沒有稱讚我及難過的原因，我錯在沒有給她下台的機會。

其後，為了加強自己論斷行為「對」與「錯」的能力，不斷通過知識修正我的心尺，認為知識加上經驗可以令我作出更好的判斷、在任何情況任何人面前說出各項「對」的道理、並引導別人正確使用心靈尺度，就

像我在媽媽面前行雲流水引導她一樣；而我某程度上確實做到了，面對各事情我皆可以講出一番道理來，身邊與我相處的人，無論是年長或年幼，經常露出佩服及贊同的表情，認為我的道理都給他們大啟發。

直到有一次，我跟我老公在一間中高級餐廳用餐，當時我用了非常友善及平和的語氣向待應說理，我帶著善意，希望這位待應改善服務做個更有前途的人，然而，離開餐廳在回家的路上，我老公用擔憂的眼神配合溫柔的語氣對我說：「我覺得你對待應說的話很對，我也認同，只是我希望我的太太不要養成得理不饒人的習慣。」

那一刻的我心裡受到打擊，也相當困惑，不斷地思考：「我的語氣很好，而且也只是說出對的事，錯在那裡？既然老公認同我，就代表我是對的，不是嗎？我的言論或許能改變那待應的人生，不好嗎？為什麼會讓老公產生得理不饒人的感覺？若不指正該待應，難道有更好的方式嗎？」這時，聖經和合本一句哲理出現在我的腦海：「你們不要論斷人，免得你們被論斷[1]。」

我從十多歲開始就一直疑惑「為什麼不要論斷人？」，曾詢問多位老師、牧師、傳道、年長的朋友等都得不到令我心悅誠服的答案；一方面是因為說出及教

---

[1] 聖經馬太福音第 7 章：你們不要論斷人，免得你們被論斷。因為你們怎樣論斷人，也必怎樣被論斷；你們用甚麼量器量給人，也必用甚麼量器量給你們。

導這道理的人沒有以身作則，另一方面，我曾以為論斷是雙贏，第一贏是以好的出發點論斷別人、帶領別人做對的事百利而無一害，第二贏是接受別人的批評及論斷能讓我更加進步；因此，該疑問被藏在心裡擱置一段時間。

老公對我說的「得理不饒人」及聖經裡的「不要論斷人」兩句話一起困擾我的那個晚上，我作了一個決定，我決定訓練自己由一個說理的人變成安靜觀察的人。

自我訓練、無數的觀察及不斷學習別人智慧的過程，超過十年的時間，終於看清論斷「對」與「錯」只是大腦的保護模式，這種保護模式將一切事情合理化，讓心靈生活處於一個穩定的狀態。以錄影機與視覺作比喻以理解這保護模式：若拿著錄影機邊走邊錄影，會產生出模糊的影像，因此錄影時會選用三腳架創造穩定的錄影環境，影像才會清晰，同理，眼睛若是一台錄影機，在走路看東西時，各項事物應是模糊及不穩定才對，但我們卻能看見穩定清晰的建築物、穩定清晰的路牌、穩定清晰的街道，這是因為影像不只是進入眼睛而且進入大腦，大腦為了讓人有穩定安心的感受，將各項不穩定的訊息動了手腳讓它變成穩定。論斷「對」與「錯」時，大腦的保護模式與視覺穩定的保護模式相當類似，為了產生安全感而創造合理化。

　　然而，這合理化並非絕對的「對」與「錯」，由於不是絕對的，所以產生的情感或結論會不一致，這就是為何媽媽撿花瓶被我批評後沒有稱讚我、我向侍應說教後老公沒有高舉我的原因。更重要的是，這合理化的保護模式具有阻礙成功的缺點；是否發現條件相類似、環境相類似、或資源相類似的人，跟你有著完全不一樣的人生結果？因為成功最大的阻礙不是外在的大環境，而是內在的心程式。

　　大部分人都認為自己了解自己（我是大部分人之一），我們控制自己的想法，所以認為了解自己一切的想法及所有的內心程式，然而，很多想法或內心程式，往往藏在隱蔽且令人忘卻的地方甚至掩飾在正面想法的背後，不易察覺；當設法找出內心隱藏的程式，解開論斷的大腦程式碼時，就能看清它如何阻礙成功。

　　如果追求成功的過程屢屢失敗，或者生活遇到瓶頸而停滯不前，或者認為成功很遙遠，或者努力取得成功後返回原來的狀態並在成功與失敗間不斷重複，這些情況就是隱藏程式運作並保護內心世界的結果，透過檢視這些內部程式就能找出應對的方法，從而策略性地創造成功。

　　本書並不探討什麼事情是「對」、什麼事情是「錯」，因為對事情作出判斷，是生存必須的能力，這種能力讓我們分辨什麼是安全、什麼是危險、什麼人適

合某任務、什麼人適合長相廝守等，正因這是必須的能力，大腦巧妙的將這能力演變為保護圍牆以阻擋改變。本書旨在揭開論斷對與錯，是如何無聲無色地化身為成功的隱形障礙，看清障礙，就能看清人生選擇權，從而決定是否超越論斷、改變自己、擁抱無限可能的人生。

　　本書每一章，皆先以虛構的比喻故事開始，故事藉蔬果世界粟國國王的童年到他建立及發展粟子國的經歷，以映照內心程式與成功的關係，並揭開負面的論斷價值觀如何遮蔽成功的視野。

　　故事以外的知識庫內容，第一章將通過腦神經科學的知識、意識與潛意識的基本概念及特製腳踏車的例子，了解論斷為什麼只是大腦程式而不是絕對的對與錯。

　　第二章將透過潛意識處理資訊的誤區及意識運作的限制，了解生活各細節產生的論斷，其實無關對與錯，只是資訊處理的方式及專注力不一樣而已。

　　突破論斷是為了撥開成功的阻礙，第三章將通過各種例子學習辨認出那些是幫助成功的潛意識程式，而那些是引領人選擇放棄的潛意識程式，以便使用相應的策略改變人生。

　　第四章將以解讀能量的方式，引導大家看清論斷對與錯的根源是那些情緒在運作，這些根源又是如何阻

擋成功，並通過各項真實事件從各方面看清論斷的真面目。

　　第五章及第六章將帶領大家了解自己是人生結果的掌控人，繼而學習判斷各種想法的策略，並介紹實際改寫潛意識的方法，以利挑戰及超越阻礙成功的論斷程式。

　　身邊很多人，為了「對」的觀念及被「對」的魅力吸引，不自知地打跊夫妻的關係、朋友的信任、家人的支持、同事的感情等，各種的事情在我看來代價太大。透過本書，邀請大家一同逐步看清論斷的真面目、取回選擇權、擁抱成功、尋見幸福，從而走在更美好的人生路途上。

言詞是思想的產物，

思想是大腦的鏡子，

這章將由了解大腦開始，

了解論斷是大腦程式的映照。

論斷的程式

第一章
Chapter 1

「論斷是一種擁有權力的錯覺。」

匿名思想家

堡壘的建立

南瓜國，是蔬果世界的大國；南瓜國的小王子在萬眾期待的時刻出生。

「哇哇！哇哇！哇哇哇哇！」男嬰的哭叫聲，讓南瓜國皇后原本的倦容轉為歡欣的笑容。

小王子的誕生為王族及人民帶來無限的喜悅；南瓜國國王年老再得一子，讓他欣喜萬分，因此給予小王子一座樓高百層、擁有千間大房間的雄偉城堡；這城堡幾乎佔據了南瓜國整塊新開拓的疆土，城堡裡每一間房每一個空間都分別象徵各類知識及技術，各房間內部雖有不同的設計，但皆有一扇設計一樣的門，小王子成為城堡主人的那刻，各個房間都為他而打開，也只有小王

子一人能夠鎖上房間的門。

　　時光飛逝，健康快樂地成長的小王子現時五歲，由專屬的管家照料，南瓜國的國王及皇后雖然處理國事相當繁忙，但每週總會抽空探望小王子。國王與皇后每次探訪都會與他下西洋棋，小王子雖年幼但已經能記下三十多種棋局；下棋的過程，國王除了稱讚小王子天資聰穎外，亦不斷的告訴小王子：「待你六歲時，就讓你開始學騎術及射箭，我們的血統，每個人的騎術及箭術都相當優秀，絕無例外，你的棋藝水準，讓我知道你相當聰敏，我跟皇后都非常地期待你將來的成就。」國王及皇后離開時，對負責照顧小王子的管家交待：「是時候開始安排小王子接觸馬及箭，這座城堡的騎術房及射箭房是與不同空間的大草原及森林連接的，讓小王子多點去探索。」管家向國王及皇后點頭，表示了解指示。

　　小王子日復一日的成長，他帶著喜悅及滿足不斷探索這座屬於他的大城堡。有一天，蔬果世界洋蔥國王子因聽聞小王子的城堡華麗無比，所以特來探訪；小王子非常高興洋蔥國王子來探訪，因此帶著興奮及自豪的心情，引領洋蔥國王子參觀他的大城堡。小王子得知洋蔥國王子喜歡設計及音樂，所以展示的第一間房是創意無限房。

　　這間房的牆身、傢俱、裝飾都是黃色與綠色的組合，洋蔥國王子一看，五官扭曲地對小王子說：「黃色

與綠色的組合代表低品味，你真的喜歡這房間嗎？在我看來，如果你將來選擇在設計界發展，相當不可能。不管是室內設計、時裝設計、建築設計或其他的設計，黃綠色的組合都不會被欣賞，因為這是低品味的象徵。」聽到洋蔥國王子的論斷後，小王子感到受傷，也突然不喜歡這黃綠色主題的房間，於是他帶洋蔥國王子離開這房間，並用屬於他獨有的心靈鎖匙鎖上創意無限房，在小王子帶著受傷情感鎖上這房間的瞬間，房間的門也同時消失不見了。

　　小王子依據洋蔥國王子的喜好再帶他到鋼琴房，這房間收集了來自不同世界不同國家不同地區各式各樣的鋼琴，包括古鋼琴、直立式鋼琴、平台式鋼琴、電子琴等；小王子還未正式開始學習樂器及樂理，但隨心敲響或碰觸不同琴鍵，即可令他愉快無比。洋蔥國王子說：「我的鋼琴技巧相當好，讓我來教你一首相當簡單的鋼琴曲。」小王子相當興奮的點頭說好。洋蔥國王子教了二十分鐘後，搖著頭對小王子說：「人類世界的莫扎特在五歲時就能輕鬆彈奏高難度的鋼琴曲，而你連學習拍子節奏都相當困難，代表你欠缺天份，沒有天份的人，通常很難學好音樂，就算是非常努力，只能達到一般的水準，在家中自娛自樂倒是可以。」再一次，小王子感到受傷，並把這鋼琴房上鎖，在小王子上鎖瞬間，房間的門也同時消失看不見了。

　　洋蔥國王子一遊，小王子不知不覺間，鎖了上百扇門。這次探訪結束後，洋蔥國王子為了表示友好，邀請小王子到洋蔥國城堡及他朋友的蒜頭國城堡參觀，小王子興奮的答應了。

　　小王子結束在洋蔥國及蒜頭國的行程，回到自己的大城堡後，他繼續每天每天探索堡壘裡不同的房間。有一天，他去到小提琴房，告訴管家：「洋蔥國王子、蒜頭國王子及他們的朋友皆說，小提琴是柔弱女子才學習的樂器，我在遊歷的過程，真的看到只有女孩子才會學習小提琴，所以我不喜歡這房間，我將來一定不會是一個柔弱女子。」管家回說：「王子，我曾聽聞人類世界有一位叫愛因斯坦的男科學家，他是小提琴高手，所以小提琴應該不是只有女孩才學的樂器。」小王子回說：「那位叫愛因斯坦的科學家一定是很柔弱，像女孩子一樣的人，說不定他是一個娘娘腔。」於是，小王子帶著鄙視的情感把小提琴房上鎖，房間的門也同時消失看不見了。日復一日，小王子根據他所得知的「事實」、通過與別國的比較、或認為自己擁有的房間不及別人，他都會把這些房間上鎖，不到三個月的時間，他不知不覺鎖了數百扇門。

故事驛站

📌 每個人在各方面都有無限的潛能，就像大城堡的房間數量一樣，然而卻基於別人的價值觀、別人的言語、與別人比較等產生限制性的想法，中斷可以發展的能力，關上潛能的大門，從而限制自己。

📌 生活中負面的資訊，就像洋蔥國王子的話一樣，以「對」的面紗傳給別人，但卻無益於聽的人。

知識庫

大腦的塑造

　　任何的想法都不會無原無故產生，各項大大小小的想法皆有它的來源，而大腦是這來源的接收、處理及產生器。

　　大腦控制我們各項思想、行為、記憶、經驗等，然而，人類的大腦在出生時還沒有發展到一個可以隨意進行各種行為的程度，例如剛出生的嬰兒不會跑步、不會唱歌等，大腦這樣的設計讓人類可以適應所處的世界及塑造獨有的人生。

　　大腦的設計讓每個人都不一樣，試想想，微軟開創人比爾‧蓋茲（Bill Gates）跟街上舉牌討錢的人擁有功能相同的大腦，但卻使用大腦過著兩種相當不一樣的生活，差別在那裡？

　　人們經常誤以為成人懂得的事情比小孩多，是因為有較多的大腦細胞，可是，科學家發現，小孩的腦細胞數目與成年人相同；嬰兒由具有基本生理機能，如呼吸、哭泣、模仿表情等，成長到充滿智慧的成人，這過程不是嬰兒的腦細胞增加的過程，而是腦細胞增加連結的過程。

　　成長的過程，人類大腦神經元[1]突觸密度會隨著成長的需要而變化，神經元連結有如圖一的樹葉數量，嬰兒出生時，大部分的神經元並沒有連結，成長過程，大腦神經細胞通過視覺、聽覺、觸覺、嗅覺、味覺等途徑接收訊息從而進行學習，不斷建立、修正、加強各項連結。

圖一、大腦神經元突觸密度隨著成長而變化的示意圖

　　這些連結可以看成是各類知識、思想、經驗及其他進入大腦的資訊結合體；這些連結不是一成不變，而是會因應生活需要變強或變弱。

　　例如一個美國成長的華人，小時候通過與父母的互動及教導，學習理解中文文字及說中文，建立了中文

---

[1] 神經元亦稱為神經細胞，是神經系統中負責訊號傳導和傳輸的細胞。

聽說讀寫的大腦連結，但進入學校後，完全不需要讀寫中文，就能完成學業要求，只有在家中與父母溝通時需要說中文，因此，讀寫中文的大腦連結被大腦判斷為不需要從而變弱及斷開，長大成人後，這位華裔美國人成為一個可以流暢說中文，但不會讀寫中文的 ABC[2]。相對一個在台灣長大的小孩，中文的聽說讀寫是溝通及學習的工具，大腦判斷這是生存必須的連結，從而不斷加強及強化，所以長大成人後，具有鞏固的中文聽說讀寫能力。

這些大腦連結的差異，造成嬰兒與成人之間的差異，換言之，大腦連結是每個人類個體之間的差異、是成功與平凡之間的差異、也是比爾‧蓋茲與街上舉牌的人的差異。

意識與潛意識

要了解思想及行為，需要了解意識（Conscious）與潛意識（Subconscious）的概念。以經常對著母親發脾氣的人為例，發完脾氣後相當後悔地想：「我不應該再對母親發脾氣，下次不會再發生。」然而，下次、下下次、下下下次因應不同的情況及理由，發脾氣的行為不斷重演，這些不斷重複且與意願產生衝突的行為，是

---

[2] ABC 是 American-born Chinese 簡寫，指美國出生華裔。

意識與潛意識產生衝突的結果；因此，了解意識與潛意識的概念，可以認識這些行為。

論斷是思想，思想是行為的根源，對於思想，一個成人的大腦最少可以分為兩個部分，分別稱為意識及潛意識。

大腦的意識及潛意識是互相依存、具有不同的功能、並以不同的方式運作的兩個不同部分。

剛出生的嬰兒成長到八歲左右，小孩會通過觀察、與人或物件互動等方式進行學習，這時期建立了潛意識大腦，它的運作方式是「經驗重複」機制，也就是根據建立的習慣來運作，例如步行、穿衣服、刷牙，其佔據90% 或以上的大腦。

大腦後期發展的部分稱為意識，它的運作方式是「創造」的機制，通過吸收新的知識、邏輯、理論，進行想像及選擇的大腦，例如朋友問你：「三年後想達到什麼目標？」這時意識可以給你答案，答案可能是還沒發生的事，是一種創意、理性、想像的思維，意識包括了我們的期望、願望、正面思考、意志力等，其佔據了10% 或更少的大腦。

面對每天的生活，我們常將意識及潛意識當作是一個以同樣方式運作的整體，並將它們劃上等號，結果導致忽略潛意識，並誤認為意識的想法主導了所有的行為。

以德斯丁（Destin）騎特製腳踏車作為例子，說明當意識及潛意識劃上等號時，如何產生思想與行動結果不一致的情況。德斯丁是一位美國工程師，當他與多位銲接技師一起工作時，這些銲接技師很喜歡開德斯丁玩笑，有一天，銲接技師改造了一台很特別的腳踏車給德斯丁，從而挑戰他及與他開玩笑，而德斯丁以好奇的心情嘗試去騎這台腳踏車。

　　這台腳踏車特別之處，是車輪與把手會以相反方向轉動，當把手往右轉時，車輪不是往右而是往左轉，把手往左轉時，車輪會往右；德斯丁用他的意識大腦理解這台特製腳踏車原理時，覺得相當簡單，完全沒有難度。但是，當他嘗試操控時，他相當沮喪，因為無論怎麼嘗試，他都無法騎這台腳踏車超過三米的距離。

　　大部分人這時會想：「德斯丁的協調能力不夠好，如果是我的話，一定可以操控這台腳踏車。」而德斯丁也想要知道，是不是只有他不能操控這台腳踏車，於是他帶這台腳踏車到各大學及研討會演講，他甚至掏出兩千美元（約新台幣六萬六仟元）作為獎勵金，只要能成功騎這台腳踏車超過三米就能贏得獎金；而事實證明，眾人與德斯丁一樣，用盡各種方式，都沒有辦法成功操控這台腳踏車，而每一個人一開始時都認為他們可以做到。

但是，德斯丁沒有這樣就放棄，他決定每天用五分鐘時間嘗試去騎這腳踏車，堅持八個月後，他終於成功。

在沒有實際嘗試時，大部分人的大腦都認為騎特製腳踏車是相當容易的事，然而，即便是充滿智慧的學者、運動細胞優良的成人，都無法成功操控該腳踏車，因為意識及潛意識是使用不同機制運作的兩個部分。

大腦佔人體重量約 2%，然而卻消耗約 20% 的能量及氧氣，故大腦會盡量選擇珍惜能量，以利應付複雜的社會生活；潛意識是一個習慣性機制的構造，能幫助腦部大大降低能量消耗，當接觸熟識的事物時，大腦鍾愛啟動潛意識自動產生行為，不需再重新耗用能量作過多的思考及學習。

德斯丁在六歲時學習騎普通的腳踏車，當時需認識踏板、學習如何剎車、嘗試控制腳部肌肉踏踏板、找到在車子的平衡等，一步一步的學習過程讓大腦消耗大量能量亦產生了大腦連結，每次騎腳踏車的生活經驗中，建立的連結不斷被加強及鞏固，鞏固到一定程度時，大腦就將騎腳踏車的技能標籤為「已學會」，並將這技能放置在潛意識的資料庫，讓德斯丁每次接觸腳踏車的時候，自動觸發潛意識經驗重複的機制來操作，不需再重複消耗能量進行學習。

當德斯丁面對特製腳踏車時，弱勢的意識雖然努力告知大腦：特製的腳踏車≠普通腳踏車，但強勢的潛意識卻定義了：特製的腳踏車＝普通腳踏車，並判斷使用資料庫的經驗即可。結果，偏愛省能的大腦，在選擇潛意識的同時，也讓德斯丁無法成功操控特製腳踏車。

日常生活中充斥著無數誤以為「意志力不足」的情況，其實都與特製腳踏車的例子相當類似，是潛意識運作及主導的結果。以吸菸為例，各種原因令一個吸菸者產生想要戒菸的目標，在意識層面，他們不斷的告訴自己吸菸的壞處及努力不再吸菸，也認為自己可以改變，可是，當與朋友聚餐喝酒舉杯的瞬間，強勢的潛意識判斷「與朋友歡聚時香菸是不可或缺的夥伴」，因此，大腦不容許意識想太多浪費能量，就讓潛意識掌舵，自然地點起了菸。換句話說，這不全是「意志力不足」的結果，而是沒有同時給予潛意識及意識戒菸訊息的結果。對母親一而再再而三發脾氣的行為，也是同樣的道理。

💡 對與錯的大腦程式

潛意識除了是儲藏技能的資料庫外，亦是價值觀、信念、人生態度、情感、記憶的資料庫。

論斷對與錯是根據價值觀作出的判斷，也是潛意識的一部分，換言之，論斷對與錯可以反映出價值觀。這

些價值觀可以想像是智慧型手機的應用程式（APPS）。

　　假設每個人都擁有一台智慧型手機，這手機是每個人的大腦映射，手機就是大腦，大腦就是手機。嬰兒來到這世界時，腦部的結構就有如剛買的手機，只有基本的 APPS，其他的應用程式都還沒有寫入；嬰兒成長的過程，不曉得有那些 APPS，也不曉得需要什麼APPS，因此，父母親會根據自身的習慣及喜好，將認同及常用的衣食住行育樂各項 APPS 漸漸逐一輸入到這嬰兒的手機，也會為嬰兒選用不同的手機保護殼。

　　漸漸長大至幼年的過程，孩子使用父母親為他輸入的 APPS 及手機保護殼足以讓他應付生活各種情況，但當他進入學校接觸老師及其他小朋友時，發現除了父母親輸入的 APPS 外，還有很多其他的 APPS，包羅萬有，令人興奮無比，所以他開始發展自己的喜好，並學習新增及刪除手機裡的 APPS；小孩漸漸建構出屬於他自己而沒有任何一個人跟他完全一樣的手機，例如小孩愛好看書，他的手機有超過十個與閱讀相關的 APPS，而他的家人及朋友平均只有一個閱讀 APPS。

　　換言之，這些 APPS 反映出小孩潛意識的價值觀，這些價值觀也是論斷的基礎；當小孩拿著手機要推薦一本新書給父母的時候，發現父母親沒有可以閱讀那本書的 APPS，可能會對父母親說：「你們對追求智慧的熱情太低了，這樣文化水平也會越來越低。」

以下舉一個生活例子，從而更了解價值觀如何透過論斷呈現。

　　一位美國的朋友羅斯（Ross），家境富裕，他從小不常進廚房，但是他表示他烹飪技藝很好，可以煮出美味的食物。有一次，我們夫妻與他一同外出旅行住在一間房子時，他體貼的提出他負責煮隔天的早餐，也讓我們體驗他的烹飪技巧。

　　第二天早上，我們夫妻很早起來，我倆坐在廚房吧台喝著咖啡期待著羅斯的早餐，看到他拿出自己帶來的漢堡製造機，將各種材料放進這機器，再佐黃芥末及蕃茄醬，早餐就完成；盯著擺放在餐盤的漢堡時，我們夫妻兩人對看了一下，有著同樣的想法，於是我笑著說：「羅斯，我不認為你會烹飪，這只是用機器把東西煮熟，不過，非常感謝你的早餐。」這時羅斯帶著孩子氣回答：「這就是烹飪，我有我的方式，而你們有你們的方式，只是方式的差別而已，我們都具備煮出美味食物的能力。」

　　猜猜看，我們夫妻及羅斯的對話裡反映出大腦有那些 APPS（價值觀）？

　　小時候，父親在生活各方面經常教導我謙卑的觀念；父親在家煮菜時，常常會重複說：「我不是很會煮菜，只是把菜炒熟，但我是用心做的，你們要食完，不能浪費。」每一年，爺爺生日都會在他家的庭園大宴親

朋，每一桌的菜大部分都是由外燴師博完成，唯獨爺爺最愛的一道菜——燒豬肉，必由伯父及伯母親手烹煮，父親每年介紹這道菜時都會說：「你們看，伯父伯母煮的能登大雅之堂，這才算是『會煮菜』的人。」

長大結婚之後，有一次我在婆婆家過農曆新年，婆婆因為要忙別的事，而老公及他的兄妹都沒有任何煮飯的經驗，所以，我就負責為全家七個人煮午餐；一桌的餐菜完成後，婆婆不斷的稱讚我：「你太厲害了，你看，我兒子女兒都不會煮東西。」她不斷的稱讚我，我就不斷的重複回答：「不是的，我不是會煮東西，我只是把材料煮熟而已。」

去到美國認識羅斯，與他相處並看著他使用漢堡機做漢堡的時候，心裡第一個想法及反應是他根本不會煮東西，也不能算是有烹飪技巧，因為我從小就學習「煮出能登大雅之堂」的菜才能稱得上是烹飪，這也是我的大腦的 APPS；但是羅斯的大腦有著完全不一樣的 APPS，對他來說，只要是能準備出食物，就是會煮東西，他對自己完成的漢堡非常的自豪，在他端出他的餐點時，他面帶非常滿意的笑容。

我與羅斯都沒有對與錯，只是不一樣的 APPS 在運轉產生不一樣的結果。

再看下列左右兩個圖案，請問在你腦海裡第一個判斷的想法是什麼？

　　左圖可能會認為是一個信封或電子郵件，右圖可能會認為是文件小夾子。

　　想像一下，一個在非洲草原長大、過著原始生活的人，他看到這兩個圖案時會認為它們是什麼？左圖對他來說可能是石頭的形狀，也可能是的水流在山間的曲線；右圖對他來說可能是森林小徑，也可能是蛇。

　　同樣是人類，看著同樣的圖形，卻會有相當不一樣的想法，為什麼？因為安裝在大腦的 APPS 不一樣。

　　對事情或人作出論斷，是根據固有的價值觀，這價值觀是源自大腦被寫入不同的程式。當程式處理這些進入的資訊時，得出「對」與「錯」的結果，不是絕對的「對」與「錯」，而是不同的 APPS 運作後反映的結果。

✚ 摘要

🔊大腦的連結是嬰兒與成人的差異、是每個人類個體之間的差異、也是成功與平凡之間的差異。

🔊大腦的意識及潛意識是互相依存、具有不同的功能、並以不同的方式運作的兩個不同部分。

🔊日常生活中充斥著無數意志力不足的情況，都是沒有同時給予潛意識與意識相同訊息的結果。

🔊每個人大腦裡寫入的 APPS，是根據父母親的價值觀、自身的生活經驗與需要、接觸的各項人事物及其他因素而決定，因此，每個人的大腦思想都獨一無二。

🔊對事情或人作出論斷，是根據固有的價值觀，這價值觀是源自大腦被寫入不同的程式，若沒有「不會煮東西」的程式，不可能會論斷羅斯不會煮東西。

🔊大腦程式跑出「對」與「錯」的結果，不是絕對的「對」與「錯」，而是不同的 APPS 運作後反映的結果。

論斷是大腦內部程式的化身，

但大腦必須接收到訊息才能啟動程式，創造思想；

在這章中，將了解大腦處理訊息的限制及誤區，

從而了解「現實」是如何建構。

1％
的
資
訊

第二章
Chapter 2

「你所專注的事物會擴大膨脹，當你專注於生活中美好的事物時，你會創造更多美好的事物。」

著名脫口秀主持人歐普拉・弗里（Oprah Winfrey）

粟子國

小王子長大後，在戰術、騎術、射箭、各式棋藝、游泳方面皆非常優秀。在國王及皇后的支持下，小王子二十歲時自立門戶，建立屬於自己的國度——粟子國。小王子相當鐘愛自己的堡壘，因此，堡壘成為了粟子國的行政大本營，除了是小王子作息的地方外，也是他處理政事、接見賓客的集中地。

蔬果世界各國聽聞粟子國將舉行建國宴會，為了與這位才華出眾又是南瓜國國王的愛子進行交流接觸，皆紛紛準備獻給粟子國的開國禮以參加宴會。

粟子國建國宴的大日子來臨。

宴會為期二天，第一天全天是參觀日，第二天粟國國王（粟王）將單獨接見各個國家的代表，最後以國宴舞會作結。

當各個國家的代表到達堡壘外圍時，單單觀看城堡外觀，已嘖嘖稱奇城堡的宏偉。城堡樓高百層，每一層皆有平台，每一層的平台及外圍牆身，皆依據粟王不同的人生閱歷及經驗作為主題。

當眾人只因宏偉而驚嘆時，具設計觸覺的鳳梨國公主，卻欣賞著整座只運用單一棕色色調但變化萬千、層層出眾的城牆，心裡佩服萬分。

在城堡的露天大庭園，擺放著各種精美小點及飲品，粟王穿著一身盡顯他健碩身材的棕白色騎士裝，英俊的面上帶著燦爛的笑容，在大庭園的入口處與眾多大臣一起迎接各國賓客，每一位賓客進入庭園前皆能與粟王及粟子國十多位的要臣握手及問好。賓客全都進入城堡範圍後，由粟王的管家兼粟國秘書長帶領，從城堡的外牆平台開始參觀。

首先到達二樓的平台，踏進這平台有如置身在西洋棋局中，管家開始介紹：「平台的四角分別豎立二百二十公分的『國王』、『皇后』、『主教』及『騎士』四種巨形西洋棋子，平台的望遠鏡座是『城堡』的

棋子設計，『士兵』的巨形棋子穿插在不規律的地方；城牆牆身有著各種雕刻，懂得西洋棋藝的人，可能可以看懂這平台的設計是七個棋局的結合。」

　　管家面帶自豪的笑容繼續說：「粟王在七歲時，運用七個棋局的變化，奪得蔬果世界的兒童西洋棋賽冠軍，贏得純黃金製造的西洋棋盤，他興奮無比，回城堡當天不眠不休的畫出了這平台及外牆的設計圖，雙眼紅腫滿佈的小王子，帶著設計圖及黃金西洋棋盤，馬上去見國王及皇后，請他們應允修改城堡的外牆，而國王及皇后當然是非常開心的應允了。」透過管家的介紹，眾人對於粟王的優秀，皆露出佩服及驚訝的表情。

　　管家帶賓客一層一層繼續往上參觀，到達了第七十五層平台，管家介紹說：「這層是蜂巢、蜂蜜結合弓箭的設計。粟王在十五歲時，聽聞蜜蜂世界蟻蜂國外銷的弓箭鋒利無比，於是離開蔬果世界到蜜蜂世界出遊。粟王相當好奇蟻蜂國製造優質弓箭的方法及材料，為了認識蟻蜂國的皇族，他參加了他們的國家舉辦的箭術比賽，當年，他與蟻蜂國的二皇子一同奪得該比賽的冠軍。

　　管家以滿意的笑容繼續說：「蟻蜂國的二皇子相當欣賞粟王的箭術，於是倆人結拜為兄弟，粟王也告訴二皇子他到蟻蜂國的目的是想要了解蟻蜂國製作弓箭的秘訣，在粟王答應不外傳蟻蜂國弓箭製作秘訣的承諾下，

粟王受邀參觀了國家級的弓箭製作工場，了解到秘密是在於使用一種特殊蜂蜜、在特定的溫度下與金屬結合，這種結合讓弓箭的強硬度提升三倍但重量只有普通弓箭的一半；粟王看著這種弓箭的製作法相當驚訝，當場興奮的抱起了比他大兩歲的二皇子。」

　　管家雙手大字形地舉起繼續向大家介紹說：「大家現在看到的這壯麗的外牆，是粟王邀請二皇子到他的城堡旅遊及居住的期間，兩人一同設計的成果！平台陳列的弓箭，是二皇子送予粟王的禮物，雖然長期日曬雨淋，但鋒利程度不退卻；這是完美的傑作，對不對？」賓客紛紛回應「對」及鼓掌。

　　管家這時假裝嚴肅說：「蟻蜂國二皇子明天也會出席國宴舞會，他是風度翩翩的紳士，也是黃金單身漢，大家可以把握機會認識他。」

　　一百層的平台參觀完畢後，全部的賓客一同進入華麗宏亮的城堡宴會廳享用餐點並稍作休息，大家相當期待城堡內在的模樣。

　　用餐完畢後，管家帶領每一個人進入城堡內部參觀。眾人離開宴會廳，穿過佈滿華麗燈飾的走廊，打開寬三米，高七米的門之後，進入到一個像是大森林遊樂場的空間；陽光由城堡中空結構射進地面約一百米直徑的大花園，花園中間是木製的螺旋狀飾物，這飾物由地面層延伸至城堡頂層。

管家開始介紹說：「大家將以十人為一組，坐上粟子旋轉電梯，我們會參觀五間粟王最經常進出的空間。」此時，大家仔細一看，原來螺旋狀飾物是電梯，用以承載人及物品的是數十個巨大的粟子殼。

　　這遊樂園般的城堡讓每個人都非常興奮，且笑容滿臉，在管家的帶領下，賓客進入了騎術房、射箭房、西洋棋房、泳藝房及溜冰房等五個房間，每一個空間都讓他們深刻感受到粟王對每一間房間所花的心思及他深造的技能。

　　然而，多數的賓客都曾聽聞這是具上千房間的城堡，在參觀的過程，卻只看到十多扇門，但大家沒有詢問，只是心裡猜想，其他房間應該是有玄機，不能隨便顯露；唯獨鳳梨國的公主，在參觀的過程看到很多門印的痕跡，她從小受訓培養分辨設計真品與贗品的差異，因此，這些門的痕跡雖然非常細微，但她卻能觀察出。

　　各位賓客帶著滿意的笑容結束第一天參觀行程，並下榻在粟王安排的酒店用餐及休息。

　　建國宴的第二天，賓客比昨天更期待，因為今天可以單獨與粟王會晤；他們出發到城堡前，皆小心翼翼地檢查代表國家的祝賀禮物，確認它完好無缺；鳳梨國的公主也不例外，她一大早起床，打開用絨布包裹的裱框畫作，這是她五年前十四歲時完成的作品，這作品分別參加了人類世界、蜜蜂世界、花草世界、貓虎世界的

設計大賽，分別取得三面冠軍金牌、創意無限獎、最年輕設計家獎、色彩完美獎等，讓鳳梨國由一個不起眼的國家，變成跨世界設計聞名的國家，各世界皆因該作品開始注意蔬果世界鳳梨國裡的設計人才。

　　鳳梨國公主看著賀禮，自言自語地說：「這作品對鳳梨國意義甚巨，國王選它來當粟國開國禮，的確不捨，但尊重父王的決定。」公主確認禮物完好無缺，梳洗及簡單化妝後，帶著畫作出門，離開房間關門時，她腦海中閃出昨天在城堡看到無數的門痕，心裡疑惑想著：那些門痕是玄機還是被封鎖的遺痕？

　　第二天的建國宴正式開始。城堡的宴會廳及戶外的大庭園皆準備了餐點，在等待時，賓客可選擇享用餐點，或是在允准的空間到處參觀。粟王選了議事廳會見各國賓客，粟王相當重視這會晤，因為與各國建立友好的關係是粟國發展重要的基礎。

　　會晤的座位是兩張大沙發斜角相對，以增加親和感；每一位賓客進來，粟王會站起來作鞠躬禮，並邀請賓客在他旁邊就坐，賓客與粟王都坐下後，賓客會進行自我介紹，隨之介紹贈禮，接下來粟王與賓客就國與國之間可以合作及發展的機會作初步的交流。

　　各國的代表一個接一個與粟王會晤，輪到鳳梨國時，鳳梨國公主被護衛引領進入會議廳，粟王看著她清秀白皙的容貌，一貫地展露笑容，但是，眼角看到鳳梨

國公主黃綠色穿著的瞬間，粟王不自覺且迅速的皺眉，雖非常短暫，但鳳梨國公主卻注意到粟王的皺眉動作。

粟王慣例行了鞠躬禮後，邀請鳳梨國公主就坐。

溫文儒雅的公主開始自我介紹：「我是鳳梨國的大公主，擅長於珠寶設計、畫畫及服裝設計，這份是我代表鳳梨國贈予粟國的開國賀禮。」

公主接著說：「這畫作為鳳梨國的國寶之一，以油畫為底，黃綠色調為主，佐以刺繡藝術將翡翠結合在油畫中；它曾奪得人類世界、蜜蜂世界、花草世界、貓虎世界的設計大獎，鳳梨國王將這國寶贈予粟國，誠摯的冀盼兩國建立友好的關係。」

從看到鳳梨國公主黃綠色裙子的那一刻，直到她介紹贈禮完畢，粟王只有聽進最後「友好的關係」這五個字，他沒聽進公主的自我介紹，也沒聽進賀禮的特色。

過程裡他不斷想：「這清秀的美人，為什麼會穿黃綠色主題這麼沒有品味的裙子？裙子的材質及設計都不錯，但為什麼用這麼低品味的顏色組合？她連耳環也是綠色的珠寶，真讓人難以接受！」

粟王脫離自己的思緒，聽到「友好的關係」，並發現公主停止說話之後，頓時意識到需要談論國家之間的合作關係，於是就跟會晤其他國家的賓客一樣，準備

開始談論國與國之間可以合作及發展的機會，但是，粟王與鳳梨國公主不足一米的距離，讓他更清楚的看到該黃綠色的衣裙，他再次分心及失神所以沒有開口說話，造成讓人尷尬的寂靜氣氛。

　　站在一旁的管家正要開口打破這尷尬的情勢時，鳳梨國公主率先打破靜默說：「粟王，昨天參觀你雄偉的城堡時，我相當欣賞您設計的能力，您只用了深淺棕色的單一色調，配合您的專長就能設計出變化萬千的城牆，盡顯您無限創意及設計的天份；鳳梨國在過去五年，在設計方面的發展迅速，國家裡裡外外，由街頭的石頭到每戶家庭的室內，都充滿了設計創意，此外，鳳梨國的設計名聲經數年的努力已遠傳不同的世界，包括人類世界、蜜蜂世界、花草世界等，短短數年，設計人才輩出，因此，我深信鳳梨國與粟國在設計方面可以合作，共同擴展蔬果世界設計業的名聲。」

　　分心的粟王在公主談及合作前景的過程一直想：「近看這裙子，材質高尚，顏色的搭配也稱得上相當融洽，但是低品味的事實不變，如果是單一綠色或單一黃色，都會比這低品味的搭配來得好，太可惜了；希望不是整個鳳梨國的人都一樣是低品味，這樣很難找到合作的機會。」

　　當粟王從思緒中回神過來時，只聽到公主說的最後「設計業的名聲」六個字，不知道該要回什麼話的粟

王馬上用一貫的台詞回說：「相信日後我們兩國會建立很好的合作關係。」

公主原本是期盼粟王會接下去說更多的想法，但他卻沒有。再一次產生靜寂，公主只好回以微笑並說：「期盼那天的來臨，對於今天的交流非常開心。」感到尷尬的公主，站起來後離開沙發，再移步離開議事廳。

這是眾多賓客中談話時間最短的會晤，當公主離開粟王的視線時，粟王心裡懊惱自己的分心，他心裡想：「都怪她低品味的衣著讓我分心，我完全不知道她到底說了什麼，對於低品味的國家，將來應該沒有什麼可以合作的吧！」

看著黃綠色的畫作贈禮，繼續想：「除了黃色與綠色的結合，沒有別的顏色可用嗎？難道他們整個國家就只有黃色及綠色嗎？鳳梨國在蔬果世界算是一個小國，雖沒有仔細看它的資料，但從賀禮及國家公主的衣著，就能了解他們的低品味限制了國家的發展。」

站在粟王旁邊的管家，注意到粟王再次晃神，所以提醒粟王將要接見下一位賓客。

離開議事廳正在走廊行走的鳳梨國公主，不斷回想與粟王的互動，自言自語說著：「他一看到我就皺眉，難道他覺得我太年輕？但他也很年輕，不是嗎？難道是我今天的妝容太樸素？讓他覺得我不夠尊重這會晤？」

　　「他雖說我們兩國會建立很好的合作關係，但完全不像是認真的話，難道他看不起鳳梨國是一個小國？但我有說鳳梨國在其他世界的知名度越來越高，合作的可能性應可與其他國家齊頭並進，但為什麼他沒有展示任何的興趣？」

　　公主快要走到賓客集中的宴會廳，這時她停下腳步繼續想：「鳳梨國處在寒冷及偏遠的地區，吸引不了蔬果世界其他國家的人移居，國力一直停滯不前，因此，國王近年除了以設計在其他世界打響知名度外，更致力與蔬果世界其他的國家建交，增加國力，並以遷國作為目標；若能藉由粟國與強大的南瓜國建交，將會是國王遷國夢想的一大助力。」

　　種種思緒讓公主下定決心，在晚宴時一定要尋找機會與粟王交談，唉一口氣後，她踏進眾人聚集的宴會廳。

故事驛站

🎏 粟王小時候與洋蔥國王子互動時（第一章 堡壘的建立），洋蔥國王子曾灌輸他「黃色與綠色的色調搭配是低品味」的價值觀。

🎏 論斷反映出價值觀，當粟王會晤公主時，兒時置入的價值觀被觸發，價值觀會向大腦要求所有的專注力；大腦順應要求的同時，不管其他的訊息怎樣懇求，都會被拒於千里之外。

🎏 專注力因論斷失焦時，目標也會被遺忘。

🎏 每個人都是用自己的世界看人事物及環境，但並不代表是絕對的事實。

知識庫

想太多與直線條

資訊處理的差異是很多論斷產生的根源。

身邊是否出現一些「想太多」或「直線條」的人？想太多的人會讓人覺得無中生有，直線條的人會讓人覺得天真無知。

在第一章中說明了人類一出生時，大腦還沒有發展到可以獨立生活所處世界的程度，必須要仰賴父母親或其他人的照顧。在有依賴需求的情況下，孩子需正確解讀父母親或照顧者的表達及示意的方法，才能發展及成長，對於這種生存的技能及學習的方式，心理學家約翰・卡帕斯（Dr. John G. Kappas）將其分為間接型暗示性（Emotional Suggestibility）及直接型暗示性（Physical Suggestibility）兩種，簡單來說，間接型是通過解讀言行不一致的訊息而建立的人格，直接型是通過言行一致的訊息建立的人格。

想像以下的情境以理解上述的兩種人格：有兩位母親，她們皆答應帶她們的小孩到百貨公司的兒童遊樂園遊玩。

第一位母親出發時，跟小孩說：「我們今天去的遊樂園是一個很棒的地方，那邊有人造沙灘，又有很多遊樂設施，又有很多跟你一樣很可愛的小朋友跟你一起玩耍，開不開心？」小孩高興的對著母親點頭；去到百貨

公司的時候，這母親帶著小孩在一樓的專櫃選化妝品，母親遊走在不同的專櫃，試了各種的產品，約一小時後，她跟小孩說：「好吧，我們現在上去遊樂園跟很多小朋友玩耍。」他們接著乘坐扶手電梯到達三樓的髮藝區，母親與小孩進入了其中一間髮廊，做頭髮保養，一個半小時後，她再跟小孩說：「媽媽很漂亮，對吧！我們現在上去遊樂園跟很多小朋友玩耍。」他們再次乘坐扶手電梯到達頂層的遊樂園，遊樂園由兩部分組成，一邊是遊樂設施，另一邊是人造沙灘區，在人造沙灘區的大人及小孩皆沙粒滿佈，這時，母親不自覺皺眉及勉強帶笑向小孩說：「哇，很棒的遊樂園，去玩吧。」母親專注的看著小孩跟其他小朋友一起遊玩及互動，約十五分鐘後，興高采烈的小孩在追逐其他小朋友時不小心在沙地跌倒，於是母親走到小孩身邊抱他起來，不停的拍他身上、臉上及頭上的沙粒，然後她發現自己的妝容也黏到沙粒，原本完美的頭髮也顯得凌亂，於是她跟小孩說：「好了，時間到了，我們回家吧！」在離開遊樂園前，她皺眉並嚴肅的再拍自己與小孩身體，確定都沒有沙粒，不帶任何笑容且語調平淡地說：「這是一個很棒又有趣的地方，對吧？」

　　這種互動過程，孩子接收到的話語與身體語言並不一致，因此，會建立間接型暗示性的人格，也就是孩子會去理解話語背後隱含的意思：母親並不真的覺得這是一個很棒又有趣的地方。

　　另一位母親，出發時同樣的跟小孩說：「我們今天去的遊樂園是一個很棒的地方，那邊有人造沙灘，又有很多遊樂設施，又有很多跟你一樣很可愛的小朋友跟你一起玩耍，開不開心？」小孩高興的對著母親點頭；去到百貨公司的時候，母親帶著小孩坐電梯直接到頂樓的遊樂園，看到很多小孩的時候，母親笑逐顏開說：「這是很棒的地方，對吧，我們一起去玩！」她跟小孩玩得不亦樂乎，三小時過後，滿身沙粒的母親對小孩說：「好吧，時間差不多了，我們回家吧！」在離開遊樂園前，她再拍自己與小孩身體，確定都沒有沙粒，眉開眼笑地說：「這是一個很棒又有趣的地方，對吧？」

　　這個過程，孩子接收的話語與身體語言一致，因此，會建立直接型暗示性的人格，也就是孩子會相信言語的字面意思。

　　然而，每個人都不會完全是間接型或直接型，而是佔有一定的比例，例如一個 70% 的間接型 30% 的直接型的人，他們在生活中大部分的時候，會以理解言外之意為主，但亦有部分的時候會不加思索去理解字面的意思；相對，一個 70% 直接型 30% 間接型的人，生活中大部分的時間，會理解對話中字面的意思，只有部分的時間能理解言外之意。這種彈性是由於接觸不同人事物產生不同的經歷而建立，也有利於成長後融入複雜的社會。所以，在生活中遇到一些「想太多」的人，這是間接型為優勢的表徵；相對一些「直線條」的人，是直

接型為優勢的表徵；換言之，同樣的話及同樣的語言，有著不一樣暗示性的人會以完全不一樣的方式去解讀。

延伸上面母親與小孩的故事，一個間接型暗示性的男孩長大後，與一位賢淑聰慧的女生開始交往，男生邀請女生到他家用餐，結束後女生體貼的提出負責打掃的建議，這時候間接型的男生可能會不經意的「想太多」：「她有什麼目的嗎？她想要在我身上得到什麼嗎？我們才剛認識，為什麼她想做太太才會做的事？我們還沒有發展到這種程度。」相對的，如果這男生是直接型暗示性，他可能只會「直線條」地針對打掃這件事情是否有需要而作出回應。

人類潛意識的大腦是以經驗重複的機制運作，間接型暗示性的人，日積月累的以了解別人言外之意的方式生活，當訊息進入時，難以控制習慣性就會想很多，相對直接型暗示性的人，日積月累的以了解字面意思的方式生活，當訊息進入時，直覺習慣就會想太少。

當「想太多」遇上「直線條」，進行溝通時，想太多的人會論斷直線條的人天真無知、容易相信別人，直線條的人會論斷想太多的人無中生有、過多陰謀論想法，然而只是大腦處理資訊的習慣不同而已。

經驗的笑話

大腦相當依賴經驗，憑著經驗我們能對各項事情作出判斷，在經驗的基礎上可以再建立更多新體驗，然而，經驗也容易令人不自覺自動作出錯誤的假設而誤解別人，從而產生與事實不符的論斷。

一位美國朋友普菲（Buff），他在研究所就學時，有一天在學院的大廳遇見一位女教授，他們互相打招呼之後，女教授問：「你有幾個小孩（Kids）？」普菲回答：「三」。一星期後，普菲坐在教室等待上課，坐在他旁邊的一位同學顯現驚訝的表情對普菲說：「兄弟，原來你有三個小孩，真的完全看不出來。」普菲同樣以驚訝的表情回覆：「什麼？我還沒有結婚，連女朋友都沒有，什麼時候多了三個小孩？」

普菲很疑惑，決定要找出散播他有三個小孩消息的人，甲君說是乙君，乙君說丙君，最後普菲得知是該位女教授散播的消息，並發現學院裡大部分認識他的人，都知道他是三個小孩的父親；於是普菲去找女教授，並問：「為何傳出我有三個小孩的消息？」女教授回說：「是你告訴我的，當得知你有三個小孩時，我相當驚訝，所以也告知別人這事實。」經過一番溝通後，他們二人一起大笑，普菲憶想起當天的對話，他以為女教授問的是他這個學期修多少門課程（Classes），因為多數關心他的教授都會問他修習的課程數量及內容，他從

不曾想過有人會問他有幾個孩子，所以當女教授問：
「多少（How many）？」的問題時，他自動想到要回
答多少門課程而不是多少個孩子。

　　當聽到普菲三個孩子的笑話時，可能會認為他不
懂先入為主或斷章取義的道理，才會產生誤會，但其實
「不要先入為主」、「不要斷章取義」這些概念，對普
菲及大部分人來說都是「懂」的觀念；鬧出三個孩子的
笑話及日常生活中各種的誤解，很多時候不是因為「不
懂」，而是大腦選擇以經驗進行資訊處理。

 ## 午餐肉的世界

　　大部分的人都傾向於尋找共同點，以產生舒服及
安心的感覺。網路上有一個有趣的電梯實驗，該實驗主
要是證明人們為了尋找舒服及安心的感覺而合群。該實
驗讓多位演員進入電梯時，背對著電梯門，但正常來
說，一般大眾都習慣進入電梯後，面對著電梯門而不是
背對電梯門，因此，當大眾進入電梯看到背對著電梯門
的人，一開始會感到奇怪，但看到每個進入電梯的人都
背對著門時，大眾會合群而漸漸轉身一起背對電梯門。

　　著名身心語言程式學訓練師東尼‧羅賓斯（Tony
Robbins）曾說：「人們喜歡與自己相類似的人，或喜
歡自己希望成為的人。」

人們尋找舒服感的例子相當多，例如吸菸的人會常聚在一起聊天、愛美的人會聚在一起研究新護膚產品、與老闆有共同興趣的人會經常與老闆在一起等。

　　人與人相處找到共同點時，會有舒服及安心的感覺，但尋找共同點及合群的傾向，亦讓人容易忘記「每個人都是獨特」的概念，這傾向也讓人習慣以自身的觀念假設或認為大家是「一樣」而自動進行價值觀比對，作出論斷，造成誤解。

　　以午餐肉的故事，作為理解價值觀自動比對作出論斷的例子。我喜歡的午餐肉是一種罐頭食品，雖然有人會自製，但在華人社會，午餐肉通常是以罐頭型式販售。小時候，媽媽認為午餐肉是有害健康的食物，所以嚴厲反對進食，但爸爸卻十分鐘愛午餐肉，所以，媽媽不在家時，爸爸偶然會煮午餐肉公仔麵[1]，每次端出午餐肉的爸爸，都會相當興奮像是端出珍寶一樣，面帶露齒的笑容，跟我們一起吃，所以每次吃這「珍貴」的午餐肉時都會感覺到很開心，也認為很美味，這種有礙健康的食物也成為了摯愛的食品之一。雖然長大結婚之後，為了寶貴的健康，不太選擇任何形式的罐頭食物，但鐘愛的事實不變。

　　在美國生活的期間，有一次，與兩位朋友亞當（Adam）及大衛（David）逛亞洲食品超市時，我看

---

　　1 公仔麵是香港著名且有代表性的即食麵品牌。

到了午餐肉罐頭，於是我拿著它，興奮無比的我跟這兩位美國人說：「你們有吃過這個嗎？很好吃！」但他們兩人同時反應出想吐的表情，齊聲回答說：「你喜歡這食物，不會吧！」他們兩位是很有風度的紳士，年紀相差約二十歲，沒有血緣關係，出生在不同的城市，熱狗、培根、煙肉、香腸等這些都是他們平常會進食的食物，然而，他們卻同時一起露出受不了午餐肉的表情，因此，我從興奮的狀態，瞬間沉到谷底，不停的想：「為什麼喜歡熱狗的人，會不喜歡午餐肉？而且不是只有一個人，是兩個人；熱狗跟午餐肉不是一樣的嗎？就有如喜歡韓國的辛辣麵，但不喜歡日本的出前一丁一樣，這樣合理嗎？」我拿著我喜歡的午餐肉，失落的放回架上。

當我看到午餐肉，很興奮的介紹給兩位朋友的原因是我自動作出了「比較」，並判斷午餐肉與熱狗是「一樣」的，認為他們喜歡熱狗，也應該跟我一樣喜歡午餐肉。這就是大腦自動比對作出的論斷。

生活及工作中，充斥著認為身邊的人應該要「一樣」的例子，而這些無形的假設，會產生很多的論斷，下列相類似的話（名詞的部分有無限的替換詞）可能經常聽聞。

🔍 「不認識這舞蹈團？你住在山洞的嗎？」

🔍 「沒吃過這道菜？你是本地人嗎？」

🔍「面對這種情況居然沒有這樣做？不曉得常識嗎？」

🔍「沒注意新開了一間咖啡館？外星來的嗎？」

🔍「這英文生字不會？你只讀到幼稚園嗎？」

🔍「股東的孫子不認識？你是新人嗎？」

🔍「打破咖啡杯？沒長眼睛嗎？」

論斷的產生會經過①尋找程式→②資訊處理（比較、假設）→③言語或思想的表達等三個階段，以上列第一句話作例子說明：

話句「不認識這舞蹈團？你住在山洞的嗎？」	
①尋找程式	大腦的資料庫程式： 「這是非常有名的舞蹈團，每個人都應該要認識。」 「不懂藝術的人，不是現代人。」 「你認識這舞蹈團，很有眼光。」 「沒聽過歌王麥可・傑克森（Michael Jackson）？這麼無知？你住在山洞的嗎？」

②資訊處理 （比較、假設）	住在城市的都是現代人，是現代人就該懂藝術，舞蹈是藝術的代表，所以都應認識這舞蹈團。 我認識這舞蹈團，所以我是現代人。 每個人都應該要認識這舞蹈團。 不認識這舞蹈團的人，只能用無知的山洞人來形容無知。
③言語或思想	「不認識這舞蹈團？你住在山洞的嗎？」

現實生活中，上列話句可能會出現在兩個人一起逛街的情境。

甲對乙說：「不認識這舞蹈團？你住在山洞的嗎？」下個瞬間，乙對甲說：「沒注意新開了一間咖啡館？眼睛長在屁股嗎？」

每個人都具有論斷別人的能力，論斷是以自己的世界為基準，通過比較後所產生的思想或言語，也就是，論斷可以看成是價值觀比對的結果。

處理器的限制

　　人類是生物體，與社會接觸、融入團體及與人互動的過程都不能忽視這生物體的限制，了解限制，才能掌控自己的行為及思想，從而進一步理解別人。

　　大腦在產生思想之前，需要經過五種感官去接收及處理資訊，這五種感官分別為視覺、觸覺、聽覺、嗅覺及味覺。五種感官本身就有相當的限制，例如眼睛只能看到可見光波長範圍的光，耳朵只能聽到一定音頻的聲音，人無法靠五官去理解其他無數生物溝通的訊號等，這些限制太多太廣，因此，以下只討論健康正常人體五感的能力所及範圍。

　　很多人常誤會眼睛看到、耳朵聽到、雙手碰到、鼻子聞到或嘴巴嚐到就是全部的「事實」或「現實」，然而，根據資訊理論的研究，人腦的五種感官每秒鐘可以傳遞約一千一百萬個位元（11,000,000 bits）的訊息給大腦，但大腦的意識每秒鐘只能處理約五十個位元（50 bits）的訊息，也就是意識只能處理來自外界不足 1% 的資訊。

各感官信息傳遞率（每秒鐘的資訊位元）	
視覺	10,000,000（一千萬）
觸覺	1,000,000（一百萬）
聽覺	100,000（十萬）
嗅覺	100,000（十萬）
味覺	1,000（一千）
加總	11,201,000（一千一百二十萬零一千）

意識是大腦用以理解事物、產生創意、邏輯分析的部分，在其進行資訊處理相當有限的情況下，只有約1%的資訊能夠脫穎而出，得到關注，那什麼樣的訊息能成為幸運兒？

以圖二為例，嘗試只用五秒鐘時間看它，你看到什麼？

圖二、餐廳場景

　　可能看到天花上的吊燈、吊燈的八個燈球、坐在椅子上的兩個人、八張椅子、破璃窗外建築物的數量、窗外建築物的窗、桌子上餐具的數量及種類、椅子的花紋、桌子的形狀、牆壁的掛燈、天花的射燈、窗外陽台的圍欄、椅子上的手提包、桌子上的餐牌、兩個人的年紀、兩個人的髮型或者其他沒有列出但你看到的東西。

　　大腦處理資訊的限制，讓每個人看到的事物都不會完全相同；看到圖片時，首先，大腦會進行資訊挑選，

根據每個人的價值觀、語言、經驗、記憶、空間等內在程式，找出合意的資訊，接下來，配合意識處理資訊的限制，根據當下專注力或大腦認為當下最重要的事項挑選出 1％ 的幸運兒。

不了解這些限制及差異時，容易令人論斷或批評別人。例如，阿甲以五秒時間看到圖片中長髮的女子有戴眼鏡，阿乙看到圖片中兩個人都穿短袖衣服，專注在眼鏡的阿甲發現阿乙看不到有戴眼鏡，很可能會評論阿乙是「沒長眼睛，圖片中戴眼鏡的人這麼明顯都看不到」，但其實只是不同的人專注在不同事物的差異而已。

基於大腦意識的限制，眼睛看到、耳朵聽到、雙手碰到、鼻子聞到或嘴巴嚐到的都不是全部而只是一部分的事實或現實；因此，論斷別人，都是根據一部分而不是全部的事實提出的觀點。

專注的遊戲

　　專注力，決定了大腦挑選的1%資訊幸運兒，因此，專注在什麼事物上，就只會注意到相關事物。

　　有一次跟一群朋友聚餐，其中一位女性朋友潔米（Jamie）即將入職新工作，在不確定家庭及工作是否能取得平衡的情況下，充斥強烈的憂慮感，與她談話的過程了解到她希望新工作具有和諧協力的環境，但過去經驗令她產生懷疑及不相信，以致專注在「不理想」的情況，而產生憂慮；因此，在其他朋友到達前，我建議及努力嘗試帶領她專注在理想及正面的事物上。

　　當全部人到齊並點餐完畢後，大家就討論到潔米的新工作，這時，當中一位男性朋友艾瑞克（Eric）認識潔米新公司裡數位領導層的職員，故建議她進入新工作時多注意人事的複雜性及辦公室政治；然而，在他給出建議的同時，我的心臟有突然停住的感覺，並幻想著自己解剖他們兩人的大腦，重新寫入正面程式的畫面。

　　意識資訊擷取有很大的限制，善用專注力找出理想的訊息相當重要。

　　艾瑞克帶著關心、善意及經驗，希望潔米能在工作中更加順利的前題下，給出「真實」的建議；在我看來這一切都沒有對與錯，只是忽略了資訊處理的限制。若大腦的意識能處理所有外界的訊息，艾瑞克讓潔米預

先了解工作環境，那麼我會衷心支持，且心臟不會有停住的感覺；然而，只有 1% 的資訊會成為幸運兒的情況下，該建議將引領潔米專注在不理想的事情並返回憂慮的狀態。

想像一種情境，潔米新的工作環境有十個專心工作的同事及兩個整天說是講非的同事，潔米記起艾瑞克的提醒，要注意辦公室政治，故平常都不自覺的花時間注意這兩個講是非及八卦的同事的行為及聊天內容，有一天上司與說是講非的人面談後，再與潔米面談，並給予潔米一些負面的評價要求她改進，這時，潔米因平常有注意這兩位講是非的人，當她接受上司負面評價時，這些負面評價自然地與她平常專注及累積的資訊產生連結；結果，她得出的結論是這兩位講是非的人向上司說她的壞話，才會讓上司對她產生負面的評價，同時也想到艾瑞克說注意辦公室政治的建議，認為對極了。結果，潔米原本渴望的和諧工作環境只會是一個遙遠的夢想，因為她將有限及珍貴的大腦資源使用在擷取不理想的工作環境及複雜的人事關係等資訊上，長期忽略能夠建造和諧工作環境的資訊。

相反，若潔米選擇了專注在和諧協力的工作環境，她的大腦會找出如何與另外十個專心工作的同事進行良好溝通的方式，阻礙她建構理想工作環境的複雜人事，會自動被忽略或被看成不重要。

　　當看到陰影時，代表有光源，任何環境或情況都有
正面及負面的「事實」，差異是如何使用有限的資源及
選擇專注在什麼事實上。哈福 • 艾克（T.Harv Eker）
《有錢人想的和你不一樣》一書中，提出其中一個有錢
人與窮人的差異：「有錢人專注於機會，窮人專注於障
礙。」機會與障礙同時存在於同一空間，但不同的專注
會讓人看到不一樣的事實，也就是，專注決定了成功及
失敗。

　　專注的遊戲可應用在生活各個層面。在美國催眠
協會（American Hypnosis Association）一場兩性關係
的研討會中聽了一位女醫生的真實故事。這女醫生開了
自己的診所，事業穩步發展且越來越成功，然而她的戀
愛卻不像事業一樣的成功，她多年來不斷愛上年長且已
婚的男士，在接受治療的過程，找到她潛意識的程式是
「所有好的男人都名草有主、心有所屬」，她了解到潛
意識的程式決定了大腦挑選及專注的資訊後，開始改變
她的專注力，約三週的時間，她在她住的寓所大廈，認
識了三位單身且優秀的男士，其中一位更與她產生戀愛
的火花，這三位黃金單身漢住在該寓所大廈最少都有七
年以上，並不是剛搬進來，但女醫生之前從沒有注意到
他們，當她內在的程式改變，專注力改變，結果也隨之
改變。

　　對與錯就有如光與影、機會與障礙一樣，是同時存在的，論斷別人很多時候反映出其專注的人事物，也就是，論斷別人「錯」的時候，專注的是錯誤或不完美的事情上，而完全沒有注意到另外一面；論斷別人「對」的時候，專注的是正面及美好的事情上，而忽略不完美但存在的部分。

✚摘要

📢同樣的說話，直接型暗示性及間接型暗示性的人會以完全不一樣的方式去解讀。

📢人類潛意識的大腦是以經驗重複的機制運作，間接型暗示性的人，日積月累以了解別人言外之意的方式生活，當訊息進入時，難以控制習慣性地會想很多；相對直接型暗示性的人，日積月累以了解字面意思的方式生活，當訊息進入時，習慣就會想太少。

📢日常生活中各種的誤解，很多時候不是因為不懂，而是大腦選擇以經驗進行資訊處理。

📢人與人相處找到共同點時，會有舒服及安心的感覺，但尋找共同點及合群的傾向，亦讓人容易忘記「每個人都是獨特」的概念；這傾向讓人習慣以自身的觀念假設或認為大家是「一樣」而自動進行價值觀比對，作出論斷，造成誤解。

📢當以自己的世界為基準並認定別人要跟自己一樣時會作出論斷。

　　📢基於大腦處理資訊的限制，眼睛看到、耳朵聽到、雙手碰到、鼻子聞到或嘴巴嚐到的都不是全部而只是一部分的事實或現實；因此，論斷別人，都是根據一部分而不是全部的事實提出的觀點。

　　📢對與錯就有如機會與障礙一樣，是同時存在的；論斷別人很多時候都是選擇專注在錯誤及不完美事情上，而完全沒有注意到另外一面。

意識只能處理五種感官接收約 1% 的資訊，

專注在正面的資訊會找到正面事物，

專注在負面的資訊會找到負面的事物；

也就是若專注在成功相關的事物上，會找到成功的道路。

專注在成功事物的先決條件是大腦的程式，

這一章將會探視「成功的大腦程式」。

程式的初探

第三章
Chapter 3

「持續的耐性成就天才。」

藝術家 米高安哲羅（Michelangelo）

晚宴

　　接見鳳梨國公主後，粟王繼續會晤各賓客，與此同時，穿著時尚絨黑燕尾晚禮服、黝黑英俊、身材高挑的蟻蜂國二皇子，在晚宴前兩小時提前到達。他沒有直接找粟王，而是選擇遊走在各賓客之間，閒聊閒聊，發掘發掘。

　　賓客中第一個引起二皇子注意的是身穿黃綠色裙子的鳳梨國公主，因為黃綠色時裝今年在蜜蜂世界掀起巨大風潮，據他了解，蔬果世界對時尚不太重視，因此他相當驚訝在這宴會看到一位美人有著高端的時尚觸角，於是，他漸漸走近鳳梨國公主，決定加入鳳梨國公主與其他四位賓客的聊天群。

　　二皇子走到站圓形的聊天群時，向大家介紹他是來自蟻蜂國的代表。

　　這時，聊天群各人，一同瞪大眼睛，齊聲問：「你是蟻蜂國二皇子？」

　　英俊的二皇子以燦齒的笑容回說：「大家都認識我了，相信是因為城堡第七十五層的偉大傑作，哈哈哈！我要建議粟王在牆壁上雕刻我完美無暇的長相，讓大家在宇宙任何一個地方看到我都能辨認我，哈哈哈！」

　　聊天群中的鳳梨國公主、椰子國王子、花椰菜國公主、茄子國王子、紅蘿蔔國的公主，皆一同笑了起來，接著，各人一個接一個向二皇子作簡單的自我介紹。

　　這時，剛從洗手間回來的蘋果國公主回到聊天群，花椰菜國公主馬上考問她：「你猜猜這位是誰？」

　　蘋果國公主左邊眼眉上挑並帶著調皮的微笑回答：「蟻蜂國二皇子。」

　　眾人相當驚訝張大口問：「你怎麼會知道？」

　　蘋果國公主假裝嚴肅的表情說：「因為他是我多年箭術比賽的對手，我當然認識他。」

　　蘋果國公主轉以大笑說：「開玩笑的，因為你們超大聲說『蟻蜂國二皇子』這幾個字，讓全部的人都知

道二皇子到了，要猜不中也很難。」

　　蘋果國公主接著主動向二皇子作自我介紹並與他握手，這時的二皇子，注意力完完全全由鳳梨國公主身上轉到這位一身紅皮革、杏臉桃腮、唇紅齒白、花容月貌、自信十足的蘋果國公主身上。

　　在晚宴開始前的一小時，粟王剛結束與各賓客的會晤，蟻蜂國二皇子就出現在粟王的眼前；將近三年沒見只通過電話聊天的兩兄弟馬上擊拳打招呼並給予對方強而有力擁抱。

　　粟王問：「什麼時候到的？」

　　二皇子回：「一個小時前。」

　　粟王驚訝的說：「為什麼現在才來找我？」

　　二皇子帶著耐人尋味的微笑說：「本來也想一到步就先找你，但最後選擇先去認識一下蔬菜世界其他國家的人。」

　　粟王回以耐人尋味的微笑問：「有發掘到什麼嗎？」

　　二皇子說：「哈哈哈！當然有，但是先不要談我，今天是你的大日子！我的兄弟，你自立門戶當國王了，我實在超級無敵高興！來，告訴我，你建立的這個粟國，有什麼願景？」

　　他們兩人坐下，粟王轉以嚴肅的表情說：「多元發展，往外拓展，展土開疆，展才強國！」

　　粟王繼續解釋說：「我想要帶領粟國，立足於蔬果世界，再超越蔬果世界，向其他世界擴大延伸；托我父王的福，我算是已經擁有蔬果世界強大的人脈網絡，在這基礎上，與蔬果世界其他國家一同向外發展。」

　　二皇子也嚴肅地說：「那人類世界應該是你優先的目標，因為他們擁有與各世界穩健的關係網絡。」

　　粟王以拳輕擊二皇子的胸口，高興笑說：「果然是我的兄弟！你說的對，人類世界是我優先的目標。」

　　二皇子說：「哈哈哈！那你對蘋果國、紅蘿蔔國及鳳梨國三位公主一定印象深刻！」粟王心想，這位充滿智慧的兄弟真的很了解他，到了會場發掘短短一小時就能猜對大部分。

　　二皇子繼續說：「蘋果國研發汽車及跑車多年，漸有起色，車子這玩意，是人類世界的大愛之一，我也是近年開始賽車，真的很好玩；紅蘿蔔國在美容及化粧上的技術，雖然暫時只在蔬果世界名氣高漲，但根據紅蘿蔔國公主給我看的照片，她國家的技術若推廣到愛美的人類世界一定會造成撼動。」

　　粟王回說：「哈哈哈！兄弟，三年不見，卻能成為

我大腦的蛔蟲，了解我的想法。的確，眾多的賓客中，最讓我印象深刻的就是蘋果國及紅蘿蔔國，其他的國家雖都有值得合作及幫助粟國發展的優點，但是，蘋果國及紅蘿蔔國是我冀盼與人類世界建立友好關係的重要合作國。」

二皇子問：「鳳梨國呢？」

粟王回問：「鳳梨國？那位穿黃綠色裙子的鳳梨國代表你有跟她接觸？」二皇子點頭。

粟王皺眉繼續說：「她是唯一一個我找不出合作理由的國家，我不認為我們兩國之間會建立關係。」

二皇子相當驚訝，身體不經意地微微傾向粟王，雙眼緊緊地與粟王對看，並帶點小激動說：「你認真的嗎？你沒看到她一身時尚風潮的裝扮嗎？鳳梨國公主帶領的設計時尚已經打進人類世界及其他世界，包括我的蜜蜂世界，這國家不像蘋果國及紅蘿蔔國仍在潛力的階段，鳳梨國與人類世界的接觸已經踏在成功的路上！」

二皇子變得更激動，說話的速度無意中加快繼續說：「設計及藝術是與人類世界交流的重要大門，就只談鳳梨國公主穿的裙子，從顏色的搭配、用料、裁切都能與人類世界知名的時尚品牌 PRADA 相提並論；鳳梨國引領的設計主流，讓我的蜜蜂世界今年變成像是黃綠色國家一樣，特別是女孩子，每個人都穿黃綠色！而你

居然沒有跟鳳梨國合作的打算？你是在開玩笑嗎？」

　　粟王皺起眉頭疑惑的看著二皇子，觀念受到大衝擊的他，想起那條低品味且讓人倒胃口的黃綠色裙子，心裏很不願意再討論黃綠色公主，但他選擇努力集中思緒思考二皇子的話，最後終於慢慢一個字一個字地吐出問題：「你・是・說・黃・綠・色・是・今・年・多・個・世・界・的・時・尚・風・潮，而・鳳・梨・國・是・這・風・潮・的・發・起・國？」

　　二皇子將激動緊繃的身體放鬆後，點了三次頭示意。

　　難以相信這事實的粟王，用手撐著下巴，嘗試消化二皇子所說的話，這時，他想起鳳梨國的贈禮，於是走到贈禮的擺放區，拿起黃綠色為主的畫作，問二皇子：「對於這畫作，你有什麼想法？」

　　二皇子走近畫作，仔細觀看後說：「我不是畫作方面的專才，但這結合珠寶的畫作，絕對值得讓我擺放在最明顯的地方，因為它具有耐人尋味的吸引力，而且手工精湛。」

　　此時站在粟王坐椅旁一貫沉默的管家開口說：「這是以油畫為底，黃綠色調為主，佐以刺繡藝術將翡翠結合在畫中的作品；它曾奪得人類世界、蜜蜂世界、花草世界、貓虎世界的設計大獎。以上是鳳梨國代表對畫作

的介紹。」

二皇子興奮且帶點調皮地笑說：「哈哈哈！我就知道這是一幅不簡單的畫作！我實在是太有眼光了！太優秀了！」

這時粟王有突然醒來的感覺，走近二皇子，靦然而笑，深邃的眼神看著二皇子並給予他一個強勁的擁抱說：「兄弟，謝謝你讓我看到不一樣的事實！」

二皇子感受到粟王認真且由衷的感激，於是同樣以一個強力的擁抱及確定的話語回說：「不客氣，我們是兄弟。」

他們兩人回到沙發坐下，粟王凝重且嚴肅的對二皇子說：「兄弟，能不能考慮助我展延粟國？」

粟王開始回想一年前的景象，繼續說：「一年前，我發現自己像是皇兄及父王的複製品，我們皇族每個人從少皆需集中在騎術及箭術兩方面的練習，也在這兩方面有很好的成績，因此，受到眾人的稱讚及高舉，可是，除了得獎數量外，我卻看不出我與皇兄有什麼不一樣。然而，我想起同樣是精專箭術的你，卻能有著很不一樣的經歷、才能及對事情的觀點。」

粟王的手用力按著自己的胸口繼續說：「因此，我想要不一樣，我不知道我可以如何不一樣，但我不想

成為另外一個皇兄，我想要不一樣，我想要領導多元發展的國家，讓有不同專長的人民在我的國度有無限發展的機會。」

「在心情惆悵甚至有點迷失時，我離開城堡，去了蔬果世界的沙漠地區，靜思了三十天，除了身上穿的衣服之外，我什麼都沒帶。在沙漠中只有來自於大自然的資源，而我沒有任何一天感到缺乏，我喝來自植物的水，我吃野生植物，我裸身睡在沙地上。」

粟王帶點激動繼續說：「最後我想透了，我沒有可以失去的東西；我惆悵是因為害怕我可能會不成功，我曾經擔憂自己不會音樂不會藝術不會設計不會醫藥，沒有辦法帶領一個多元化的國家，但說到底，我只是害怕失去現在擁有的一切；當我看清我沒有可以失去的東西時，害怕只是假象而已。我雖不知道為什麼會有這假象，但我知道它只是想法而已，不是事實。」

粟王停頓並深吸一口氣，語速變得稍為緩慢，繼續說：「當我從沙漠回來後，我就向國王提出建立粟國的決心，父皇想了三天後應允了我。而我知道我並不完美，所以，兄弟，我真的需要你！」

二皇子以佩服的眼神嚴肅回答說：「謝謝你跟我說了你的體驗及體會！雖然我們來自不同的世界，但你是我的好兄弟，我當然願意助你拓展粟國。」

粟王興高采烈的說：「太好了！太好了！我實在太高興了！兄弟，謝謝你！」

　　擁抱二皇子的粟王說：「我的好兄弟，來，時間到了，我們一起去主持建國宴！」

　　興奮的粟王與蟻蜂國二皇子並肩從議事廳走到宴會廳，他們一起踏上臨時搭建的講台。

　　粟王開口說：「謝謝來自各國的來賓、親愛的國民及我的家族今天出席粟國的建國宴。此時此刻的我興奮無比，心情激動，這個國家由現在這刻起到將來任何一個時刻，都不是單單屬於我，而是屬於你們每一個人的國度；我會盡我所能，帶領粟國，與大家一同光芒四射。此外，作為粟國的一份子，我希望大家除了認識我之外，也同時認識我身邊這位蟻蜂國皇子，他是我的好兄弟，也是啟發我萌出自立國家這想法的重要人物；我希望藉著今天這機會，給予這位兄弟特別的感謝；在粟國，他跟我平起平坐，為了每一個人民的福祉及粟國的發展，我們都會非常努力，謝謝大家！我現在宣布粟國成立！」

　　全場的來賓皆熱烈鼓掌，粟王的母后更是流下感動的眼淚。

　　粟王與二皇子踏下講台後，粟王跟二皇子說他要去跟父王行禮並找鳳梨國公主，因此，他們兩人分開，

在宴會的人海中各自找尋心中要找的人。

粟王與他的父王及母后問候及行鞠躬禮後，他就專注尋找今早錯過談話機會的「黃綠公主」。

鳳梨國公主拿著酒杯走在室外宴會場地的外圍，她自言自語：「喝完這杯酒後，我一定要進去室內的宴會廳，找機會與粟王談話。但是，這麼多賓客，我真的能跟他談話嗎？今天的會晤，他的確曾說我們兩國會有合作的機會，不是嗎？我真的有需要跟他談嗎？他今天看到我的時候皺眉，到底是為什麼？」

無限思緒低頭獨自踱步的鳳梨國公主，突然看到穿著皮鞋的人站在前方約三步距離的位置，於是她停下腳步，抬起頭來一看，心裡疑惑地想：「這不就是粟王嗎？我從來沒有產生過幻覺，這應該不是幻覺吧，還是這是跟粟王長得很像的人？難道是粟王的皇兄？」

面對一個呆呆看著他整整一分鐘但不說話的公主，粟王決定開口：「公主你好！對於宴會，一切都滿意嗎？」帶著醉意的公主緩慢的點頭。

粟王續說：「特意來找你是因為今天說的合作交流，還沒有提到任何細節，不曉得你是否能多留一天，明天我們再詳談。」

這刻鳳梨國公主從醉意中突然清醒，因為她確定

站在她眼前的人的確是粟王，心裡歡喜若狂的她壓抑無比興奮的情感並認真地回說：「謝謝你的邀請，我非常願意留下來，但我明天一大早必須回鳳梨國主持一場設計選拔賽，恐怕不能多留一天；但我有一個想法，三個月後，我會引領我的團隊到人類世界的法國參加一場跨世界的時裝設計競賽，我們可以在法國會面，如何？」

　　粟王笑盈盈回說：「這是一個好主意，我們就在法國見面。現在，請問是否願意與我共舞？」公主嫣然一笑並伸出手表示答應。

故事驛站

📌 相信內心深處告訴你能做什麼的聲音，不要聽取別人告訴你你應該做什麼。

📌 對於潛意識已建立的價值觀，要做到「想法開放」對抗潛意識並不是簡單的事；實際生活中很多人如果當粟王，他們只會專注在原本認可的事情上，而不會聽進二皇子對鳳梨國正面的評價，或者只會左耳進右耳出；雖不簡單，但並不是不可能，粟王做到的其中一大原因是他對於粟國發展的強烈熱忱，讓他在正確的時間打開心門接受相關鳳梨國的資訊。

📌 失敗是因為害怕而產生的想法，它並不存在。

📌 成功不是偶然的結果；旁人看粟王，可能會認為他有南瓜國國王的資源，又是受寵愛的孩子，自立門戶是很自然的事，但事實上，成立粟國是因為他有成功願景及熱情。

知識庫

幸福感的成功

超越論斷，是為了要擁抱成功，什麼是成功？

成功一詞可以在字典裡找到定義，但每個人都可以對它作出屬於自己的定義，因為一個人想要的成功，不一定是另一個人想要的成功，反之亦然。

當談到成功，大部分人會想在事業發展、財富累積、生活品質、健康體格、人際關係（包括愛情、家庭、朋友及工作）這五大方面取得成就；而任一方面的成就，其實都是幸福感產生的來源，因此，我稱成功為「五大幸福感的來源」。換句話說，成功的結果會同時帶來幸福、喜悅、滿足等正面的感受。

停一停，想一想，什麼是你想要的成功而該成功會為你帶來幸福感？

如果這問題無法即時找到答案，可以持續詢問自己，答案總會經由不同的途徑出現；但不要被別人的價值觀誤導了自己追求的成功。

在華人的社會或中國的傳統觀念，父母能讓孩子豐衣足食就盡了養育之責，若生活環境優越，才談其他方面的供給；其他類似的概念，如「民以食為天」也是根深柢固的教育及生活的信念；固此，食代表生活優越、滿足、幸福、富裕的想法成為了華人社會多數人的大腦

程式。

　　「食」固然重要，因為食物是生存的能量來源，但事實上，「食」與需求「滿足」有很大的距離。研究羅馬尼亞孤兒的「布加勒斯特早期介入計畫」（The Bucharest Early Intervention Project）證明了除了食物及生理需求之外，「情緒滿足」也是人類健康發展非常重要的元素。

　　在 1966 年，羅馬尼亞實行生育計畫，每個家庭最少生育五個孩子，否則需繳交禁慾稅（Celibacy Tax），無經濟能力養育孩子的家庭，皆將孩子送到收養機構，1989 年時，各收養機構共安置十七萬名孩童，在收養機構的孩童看顧者不足的情況下，看顧者被要求不可以抱小孩及流露任何情感，只能提供孩童各生理的需求，如食物、衣服及洗澡等。2000 年由美國尼爾森（Charles A. Nelson III）醫生、福克斯（Nathan A. Fox）博士及齊納（Charles H. Zeanah, Jr.）醫生主導關於缺乏關愛孩童的大腦研究，發現這些不賦予情感及得不到關懷的孩子，他們大腦的神經活動相當低落，成長後亦產生嚴重的情感、智力、溝通方面種種明顯的問題。

　　換言之，人在成長發育的過程，情緒滿足與食物及生理需求同樣重要，這無形的情感需要，會因為沒有得到適當的滿足而延伸，造成人生方向迷失。

想像以下的情境：一家三口的家庭，嚴厲的父親認為自己不夠聰明，抱著望子成龍、為孩子未來著想的他，幾乎不會鼓勵及稱讚孩子，無時無刻都用批評的口吻教育孩子，希望他長大後懂得判斷事情、變得夠聰明及機智，但孩子需要鼓勵的情感需求屢屢得不到滿足，故內心深處定義了自己是一個不夠好、不夠聰明的人；寡言的母親小時候不經常受到身體及言語等方式的關愛，因此並不善用身體及言語向她的小孩表達愛及關心，小孩需要擁抱時母親並沒有回應，讓孩子內心深處認為自己不值得被愛；這小孩長大後，無形中不斷努力成為聰明及得到別人關愛的人，因此，他經常做別人希望他做的事，而不是自己想做的事，並根據別人的價值觀生活；他定義的成功都是依據別人的期望及價值觀，而不是以自己的幸福為前題。

因此，設立以自己幸福為前題的目標及定立自己想要的成功相當重要，有了目標，行動及計畫才會產生。因而，從心底去問自己，什麼是你渴望的成功而該成功會為你帶來幸福感？如果不會失敗，你會設定什麼目標？如果成功是必然的，你想要什麼？

優秀與平庸

「成功」很多時與「能力」聯想在一起，這聯想的大腦程式是：有能力就自然會成功，不成功是因為能力不足，能力是天資，平庸或不成功是父母沒有賦予這天資，也是注定的結果。

當我接受身心語言程式學訓練時，訓練師米歇爾‧賈斯（Michele Guzy）說了一個用正面及鼓勵言詞改變人的故事：

一批新進學校同年級的學生，他們進校前進行評核，以評核的成績結果拆分為兩班，一班是成績優秀取得 A 及 B 級分的孩童，另一班是成績取得 C、D 及 E 級分的孩童；一學期過去，AB 級分的學生的成績證明了他們有 AB 級分數的能力，CDE 級分的學生也證明了他們只有 CDE 級分的能力；然而，一位改革的老師出現，第二個學期開始，這位老師自願的帶領 CDE 級分的學生，在他的教學及師生互動過程都不斷告訴學生：「你們是優秀的、你們是 AB 級分的人才。」學生產生問題或遇到挫折時也不斷的鼓勵他們；一年後，原本是 CDE 的學生皆拿到 A 及 B 級分數。

故事反映出大腦價值觀發展的過程，沒有判斷及辨別對與錯的能力，訊息皆是照單全收；當教師用各種的行動、言語、表情向 CDE 班孩童灌輸「你們是天資

不足的 CDE 級分學生」這觀念時，孩童會相信這是「事實」，同理，當老師告訴他們「你們是優秀的學生」時，他們也會相信自己是優秀。

CDE 班學生的故事，其實跟我個人的經歷非常相似；在進幼稚園到小學一年級上學期，我都是一個相當不顯眼、考試成績在及格邊緣的學生，但是在一年級下學期一次的數學測驗，全班的成績都不好，唯獨是我拿到高分，拿到考卷時，完全沒有感覺，就跟平常拿到低分的考卷一樣，因為當時認為每個人都應該拿到差不多的分數，所以很平靜的等待老師講出解答，然而，老師在解答之前，向全班宣告：「這次的考試只有倩文一個拿到高分，大家必須好好的跟她學習。」當時的我很驚訝也很高興，當天回到家不斷的向爸爸媽媽重複老師稱讚我的那番話；那次之後，我開始受到老師的關注，老師每次要學生到黑板寫答案時，都會以期待的眼神看著我，我喜歡這種期待，也因此作出不一樣的努力，成績自始也名列前茅。

能力由信念產生，很多被認為能力不夠好的人，卻能有令人望塵莫及的成就；優秀與平庸皆是根據潛意識的大腦程式、找出相關資訊、說服自己、產生行動後，經歷時間及空間考驗的結果。

成功需要能力，各種能力皆是依據目標及願景而建立；平庸也需要能力，各種能力卻是依據限制而建立。

成功的人士在沒有任何結果時，就知道自己會成功，過程中他們問自己「有多想達到目標」，再問「怎樣能達到目標」；而不是問「能不能達到目標」。

　　追求成功的路上，大腦有兩種程式在運作，一種是歸咎能力不足以致遠離成功的程式，如：

- 我不是讀書的材料，看書會令我睡著；

- 我不是經商的人材，從沒有從商經驗；

- 我沒有行銷的天份，從小就不會跟人打交道。

另一種是為成功鋪路程式，如：

- 我能建立所有達到目標的能力；

- 我是優秀的人才；

- 成功是人生必然的結果；

- 成功努力尋找我，正如我尋找它一樣；

- 我不受任何人的信念局限，我能不斷超越自己；

- 我值得擁有各方面的幸福及成功。

奇人與天才

有人問我：「若渴望的成功是奇葩或天才級的成功，也能達到嗎？」

美國拉斯維加斯有一位心智訓練大師及催眠師——馬修·史維（Marshall Sylver），他的研習訓練會中，都會進行吞火的表演；當看著一個表演者在台上吞火時，會自然的給予熱烈掌聲，但不會覺得很震撼，因為理所當然的認為表演者應有特殊的技能，而且在中國，吞劍、吞石頭的奇能異士也相當多，所以對於吞火的技能並不會相當驚訝。

然而，吞火不是他彰顯自己是奇人的方法，也不是單單為了贏取掌聲的技藝，吞火是他用以教導每一位參與者如何突破「害怕」的方法；在他的研習會中沒有任何一個人是吞火的旁觀者，每一個參加研習會的人都會學習吞火並且經歷吞火，是每一個人，沒有例外，數百萬名曾參加他訓練的人都經歷且成功吞火。

想像一下，當你手上拿著一支火把，旁邊有人叫你把它吞了，你的腦海裡可能會出現受傷、疼痛、著火、旁人尖叫等畫面，從而產生「別瘋了，我不會用生命來開玩笑」的想法。

但如果你拿著一支特製的鋁材質火把，一位訓練師在旁重複示範及教導吞火的五步驟：

（警語：沒有專業人士指導下，切勿在家中嘗試。）

1.消除疑慮，相信吞火是一種可以學習的技巧，數百萬人可以做到的事，通過指導及學習你也可以；

2.擺好姿勢，相信自己，了解「害怕」只是心理障礙，只有你允許的情況，害怕才存在；

3.手舉高，火把斜上，讓火焰跟火把的方向一致，讓火焰跟火把的距離減到最少，嘴巴就不會受傷。

4.將火把迅速放進嘴巴，嘴巴馬上閉合並與鋁質的火把枝條緊密結合，以斷絕火焰的燃料——氧氣，火就會熄滅。

5.火把在閉合的口中約三到五秒的時間，讓火完全熄滅才拿出，吞火成功！

當重複學習這些原理，原本害怕的感覺會被熟識感及信心取代，成功就轉變為必然的結果。

「火」是危險且會造成傷害，在認知及學習火的過程，大部分的人會同時學習了「懼怕」；例如，當火不是出現在煮食爐灶、打火機、蠟燭等可控制且熟識的情境時，大腦會觸發各項有關害怕受傷的連結；但當通過學習及專人指導，吞火與可控制的感覺產生連結，相關害怕受傷的連結隨之消除，新的技巧就能建立。

在吞火的例子可見，奇人不是天生的，可以通過適當訓練或通過學習結合各種知識而養成。

那麼天才又如何？

談及天才，舉音樂方面的才能——絕對音感（Absolute Pitch）為例。所謂的絕對音感，或稱完美音感（Perfect Pitch），是指能夠在沒有基準音的提示之下，正確辨析出隨意出現的音，且辨音的正確率達到70% 以上；也就是聽到任何的聲音，可以判斷出該聲音是那一個音調，每十萬人中，約有一人天生具有絕對音感的能力，因為這不是大部分人普遍具有的能力，所以我們視絕對音感為一種天賦。

為了提昇音樂方面的能力，致力音樂研究的音樂家及科學家發展出訓練絕對音感的方式，大致的原理為：選擇一種熟識的音調作為相對音調，例如 C 調或 E 調，每天固定重複進行聽及唱的練習，從而不斷加強大腦對這音調的認知，當大腦對這音調的認知能力足夠強時，大腦將可自動以熟識的音調作為基準，辨別其他音調；相關的訓練，應用於越年幼的小孩成功率越高，即使是成人，通過密集及適當的訓練，亦可達到某程度準確辨別音調的能力，但訓練時間相對年幼孩童長。

更有科學理論提出，每個人在出生時都具有絕對音感的能力，但在一歲前，會因為壓仰、因應學習不同語言或大腦判斷為不需要等各種因素及情況，而令這能

力消失；亦有調查發現，四歲前接受正統音樂訓練的人具有絕對音感的比率相對四歲以後學音樂的人士高。換言之，絕對音感是可以培養的。

與絕對音感類似的例子是德斯丁學習控制特製腳踏車的故事（參考第一章），當德斯丁堅持八個月，成功操控特製腳踏車後，他讓他六歲的兒子嘗試操控該腳踏車，他兒子已有三年騎普通腳踏車的經驗，一開始跟德斯丁及其他人一樣，無法操控特製腳踏車，令人驚訝的是，他兒子只用了兩週的時間就成功，但德斯丁卻用了八個月。

通過建立絕對音感及駕馭特製腳踏車的例子，可見小孩的學習彈性相對大，因為他們仍處於潛意識慣性機制建立的過程，成人使用的時間雖然相對長，但亦能作改變，這也就是科學家稱的大腦可塑性 [1]（Neuro-plasticity）。也就是，各種能力都可以培養。若想了解更多相關天才是通過刻意練習培養的例子及實證，推薦由安德斯・艾瑞克森及羅伯特・普爾撰寫的《刻意練習——原創者全面解析比天賦關鍵的學習法》（Peak: Secrets from the New Science of Expertise）一書。

奇人或天才級的成功是可以通過建立大腦程式（如信念）、改變或創造大腦的連結（如學習）、排除障礙

---

[1] 大腦可塑性是指大腦形成和重組神經元突觸連接的能力。可塑性的相關研究指出大腦的能力不是固定而是可鍛練的。

（如消除懼怕）、賦予行動而培養。

　　成功有成功的程式及大腦連結，平凡有平凡的程式及大腦連結，認清這些程式及大腦連結、選擇保留或進行改變，人生的結果會因應各項選擇而產生。

迷宮的指示語

　　一台電腦若沒有安裝適當的軟體，就無法運作出適當的結果，要產生成功及幸福的結果，大腦需要擁有適當的程式；然而，程式早已被建立，故需要進行程式檢視及修改，過程的第一步是辨認，辨別出與成功及幸福相容還是相衝的程式後才能決定是否進行改寫。

　　如何辨認沒有標籤「負面」或「抗拒成功」的相衝程式？可以通過看清迷宮的指示語進行辨認。

　　設定目標→抵達目標，是一個過程，將該過程看作是獨立的迷宮，起點就是現在的自己，目標達成就是迷宮的終點，迷宮的路是時間與空間結合大腦價值觀而設計。

　　每個人定下的各個目標皆是獨特設計的迷宮路線，迷宮的設計雖相異，但有下列共同點：

🔍 一定有到達目標的出路；

🔍 一定有窮巷（或稱掘頭巷）；

🔍 窮巷一定有指示語。

負面及阻礙成功的程式會在第三項共同點——指示語露出馬腳，以致帶領走迷宮的人產生下列兩種不同的結果：

1. 成功到達終點；

2. 放棄目標返回原點。

若指示語是帶領人走到終點，那麼代表內心程式與目標相容，若指示語是帶領人返回原點，那麼代表內心程式與目標相衝，需要進行改寫。

懂得辨認指示語，就懂得辨認大腦的程式。

認識兩位基督教牧師，他們是夫妻，有三個女兒，有一次我跟這對夫妻討論事情時，他們五歲的大女兒跟三歲的二女兒各自在兒童遊憩設施玩耍，結果二女兒不小心跌倒，大女兒這時候注意到，就對妹妹說：「妹妹，沒事的，站起來就可以了，要幫忙的話跟我說。」妹妹整個過程沒有哭，聽從姐姐的說話站起來，這過程，大女兒雙目沒有離開妹妹，直到妹妹成功站起來開始跑之後，大女兒才移開視線繼續玩自己喜歡的設置；兩位小女孩的互動，讓我看到父母親的教導，也看到她們的大

腦程式：「跌到後，站起來就可以了」。

　　這情境讓我聯想到一位美國的賽跑選手——海瑟（Heather Dorniden Kampf），2008 年她在美國明尼阿波利斯（Minneapolis）一場室內六百米三圈的賽跑決賽中，在第二圈賽程將要結束時，她跌倒了！大眾擔心她有沒有受傷時她瞬間站起來繼續跑，落後的她在短短的一圈賽程，超越一個、兩個、三個的選手，贏得該場比賽。

　　不管是從牧師的兩位女兒或海瑟的身上，都看到「跌倒站起來就可以了」的程式；在我看來，她們走人生的迷宮時，在窮巷出現的指示語很可能是「此路不通，改走其他的路，但越來越接近目標了，繼續！」從而，被引領到成功到達終點的結果。

　　相對有一次，我用了一小時在公園的遊憩區觀看小孩與家長的互動，觀察到一對兄弟，他們在踢球，兄弟兩人約四歲及六歲，弟弟在踢球時不小心跌倒，跌在地上的弟弟在還沒有反應過來時，哥哥馬上跑過去弟弟身邊說：「笨死了，怎麼一點都不敏捷，起來吧！」於是弟弟就哭了，這時，猜是他們媽媽的女士也走到弟弟的身邊，抱起跌在地上哭泣的弟弟，並拍下依附在他身上的灰塵說：「好了，玩很久了，該回家了。」觀看這對年幼兄弟的互動，除了看到他們負面的大腦程式，也讓我聯想到一段香港的廣告，名叫「生命滿希望前路由

我創」。

廣告情景：黑暗的下雨天，球場中的男孩被雨滴著的情景。

男孩 A：想打球時卻偏偏下雨，難道連老天爺都不喜歡我呀？

男孩 B：我們明日再打吧，明天一定會天晴。

情景：轉到隔天放晴天氣的球場，一群男孩很開心的踢球。

男孩 A：你怎知道今天一定天晴？

男孩 B：我才不知道哩，希望在明天嘛。

男孩們：凡事都沒有絕對的。

男孩 A：其實下雨又有什麼可怕呢？

旁白：生命滿希望，前路由我創。

廣告希望帶出理念是「不順心沒有什麼可怕的，生命充滿希望，前路由自己創造。」整段廣告可以分為前後兩部分，前部分是負面失落沮喪的訊息，後部分是正面喜樂希望的訊息；廣告原意是帶出正面的想法，但其設計忽略了大腦有訊息處理的限制及喜好的選擇，看到這廣告的人，不會全部都接受正面的資訊，而是可能只選擇前部分負面的訊息，或只選擇後部分正面的訊息，又或者吸收兩種極端的訊息再應用在不同情況。

在公園玩耍的年幼弟弟，剛經歷在遊憩公園哥哥的責備及生氣的表情、聽到哥哥負面的話語、母親皺眉不耐煩的樣子等，假若回到家打開電視看到這則廣告，弟弟的大腦會不自覺挑選廣告前部分黑暗下雨天的情境及「老天爺都不喜歡我」的訊息，而忽略廣告後部分晴天的球場及「生命滿希望前路由我創」的訊息。

弟弟長大後，遇到別人的責備時，若潛意識定義這是跟小時候一樣讓別人心情不好的情況，大腦會自動產生「笨死了」或「老天爺都不幫我」等想法及話語。

這對兄弟走人生迷宮遇到窮巷時，很可能會出現「你沒有這能力，上天也不幫你，放棄！」的指示語，從而被引領到放棄目標返回原點。

迷宮都有出路，能力皆可培養，帶領人遠離目標或放棄走迷宮的指示語，都是負面程式動手腳後產生的誤導指示語，並不是絕對的事實。

美國知名的發明家及企業家托瑪斯·愛迪生（Thomas Alva. Edison），一生創造了 1093 項專利，其中 389 項與電燈和電力相關，195 項與留聲機相關，150 項與電報相關，141 項與蓄電池相關及 34 項與電話相關。他其中一項偉大的發明——電燈，我小時候學習的概念是「愛迪生是一位熱愛發明、不屈不撓的科學家，他發明電燈的過程『失敗』了超過 1000 次，堅韌不拔的他堅持不放棄，最後終於成功。」

　　試想想，在他設定了發明電燈的目標，腦海出現了
成功的願景，不斷作各種嘗試而沒有達到目標的過程，
假若他的潛意識給出的指示語是「失敗」這概念的話，
他不太可能會有超過 1000 次再嘗試的動力，根據他的
行動及結果，潛意識給出的提示語很可能是「此方法行
不通，嘗試別的方法，你會找到答案，成功等待著你。」
他除了發明電燈外，其他科學及財富方面的成就，都可
見到「失敗」不是他詮譯人生過程的深層大腦程式。

　　「失敗」只是與成功相衝的程式及誤導指示語，
它可以被改寫為「此法不可行，但你越來越接近目標，
加油吧！」改寫後，就能看清迷宮出路。

　　仔細聆聽自己內心對話及對別人說的話，聽到各
種誤導及負面的指示語時，懂得識別它們，並將其改寫
以減少阻礙成功的大腦程式；舉一些誤導及負面指示語
的例子如下表，改寫的方法將在第六章介紹。

情境	誤導的指示語	改寫的指示語
跑業務時是下雨天，訂單也沒有簽成。	我不適合業務這行業，連上天都不幫我，放棄吧！	繼續尋找提升說服技巧的方法，成功正等待著我！我是優秀的人！
父母親是哈佛大學畢業的律師；嘗試考入哈佛大學法律系但卻沒有被錄取。	我不會比父母更成功。	我值得擁有屬於自己的成功。
與情人分手。	人生是孤獨的，愛情不屬於我。	我值得擁有令我人生更完美的伴侶。
多年想要戒菸，但都沒有成功。	這習慣改不了。	我可以改變任何習慣，去尋找方法，總會成功的。
為參加歌唱比賽在朋友面前練習，結果走音，朋友大笑。	別獻醜了，你不是唱歌的料，放棄吧！	學習及練習是技能建立的根本，多練習，成功等待著我！
適應人生的第一份工作。	工作是痛苦的。	工作是滿足及成就感的來源。
參加成人藝術課學畫畫，老師看著畫說：「這是雞還是鴨？」	不是畫畫的人材，而且畫畫也不能當職業，不要再浪費時間，多做點賺錢的事。	我可以在任何喜歡的事情上有所發展！

　　仔細看各種誤導及負面的指示語，都是論斷，包括論斷自己及論斷別人，這些誤導及負面的指示語不會加上「誤導」或「負面」的備註，而是標示「這是現實」、「這是人生」、「這是對的」等留在潛意識大腦並引領人返回原點。

　　誤導及負面指示語披著「對的」、「正面」、「智慧」等面紗呈現，若你定下了為你帶來幸福感的目標，但經歷數年或數月的時間，仍沒有出現在現實生活中的跡象，代表引領生活的指示語是與成功相衝的誤導指示語，這時，除了從發現內心想法及對話找出它們外，亦可用人生結果辨別它們。

　　人生是簡單的，我們每一個想法每一句話都是程式的反映，寫入的程式，會產出程式相應的結果。人們不斷重複同樣的方式生活（潛意識主導），進行同樣的行動，卻盼望出現不同的結果，就如同使用手機的相機應用程式，期盼程式產出錄音及錄影的檔案，這不太可能。

　　有一個案例，一個接近五十歲的企業家，在三十多歲時賺取數百萬美元，但後來事業漸漸一落千丈，宣告破產，幾年的時間，他東山再起，再次成為數百萬美元的富翁，然而接下來的數年間，發生各種不同的事情，令他再次宣告破產，連房子也賠上，熱愛營商的他，破產後又再擁有將近千萬美元的財產，然而，這次，當他

的財富再次漸漸因各種情況遞減時，他意識到他的歷史再次重演，這種不斷重複的循環令他身心疲憊，這種重複的結果反映出指示語與成功相衝；於是他利用了催眠治療，發現他有下列的誤導指示語，並在潛意識的層面改變內在程式，中斷該循環，享受他的富裕人生。

🔎 閃耀及富裕的人生，會讓每個人都看到你，這不是好事；

🔎 有錢就應該把錢捐出去；

🔎 父母親沒有擁有的財富，我也不能；

🔎 擁有財富後，會失去人生意義。

人生面對不同的事情、不同的環境、與不同的人接觸，令人容易以為生活有所轉變，然而事實上，事業、愛情、財富、生活環境等方面只是以不同的方式一再重複出現相類似的結果，這時選擇拋開意識及外在環境給予的「理由」，由結果倒推真正在運作的誤導指示語及大腦負面程式，辨別這些程式，再改寫它們，擁抱成功。

倒推式檢視

　　以被動攻擊型為例，進一步了解如何倒推人生結果看清大腦程式。

　　被動攻擊型是一種心理學定義的人格，這人格是以不明顯及被動的方法達到非正面的目標。這人格的特徵與誤導指示語性質相當類似，表面都以「對的」、「正確的」、「美好的」的方式呈現，但人生卻是不斷選擇遠離幸福及成功的路徑。

　　若是攻擊型的人格，他們明顯而容易讓人看到憤怒、生氣、負面、失去耐性等情緒，若是被動型的人格，他們會將情緒內化，不會為別人帶來威脅；然而，同時結合攻擊及被動這兩種人格的被動攻擊型，使用兒時建立的優秀溝通技巧，以被動且讓人感到安全的樣式，進行傷害別人或破壞事情的事實，並慣性將負任歸咎於其他人。

　　要了解這人格可以透過了解該性格建立的原因，想像一下，一個小孩被父親嚴厲要求服從命令，不服從的後果是挨打，經歷多次體罰後，小孩開始嘗試尋求母親的支援，母親雖不願意孩子挨打，但卻沒有如孩子期望悍衛孩子，反而令孩子受到更加嚴厲的責罰；具有適應力及生存本能的孩子，嘗試用沉默去應對，發現沉默及假裝服從是最有效減少責罰的方式，於是沉默及說謊

成為了他自我保護的武器。

與此同時，孩子強烈壓抑的憤怒、不被認同的傷害情緒、缺乏愛與關懷等情感，寫入了相應的大腦程式。

母親是小孩發展親密關係及滿足關愛需求的重要人物，小孩選擇用沉默方式應對生存時，關愛沒有得到滿足，大腦建立了「不值得被愛及不配擁有親密關係」的程式，此情況，愛及親密關係結合了生氣及憤怒的情感，並發展出分不開的連結。

父親是小孩發展過程中大腦定義的權威或擁有控制權的人物，成長的過程，小孩學習了如何用沉默、謊言、被動應對權威級的人物，漸漸建立了語言及非語言的溝通技巧，此時，大腦亦將權威人物與憤怒及抗拒的情緒進行連結。

被動攻擊型人格還有其他形成的原因及情況，大體上，該人格對愛的需求、親密關係的渴望及權威級人物的權力皆連結了看不見的強烈憤恨。

《與被動攻擊型男人的生活》（Living with the Passive-Aggressive Man）一書中列出這人格具有多項以下的特徵：

🔍 害怕別人認為他有依賴別人的需求；

🔍 害怕親密關係；

🔍 害怕與他人競爭愛情及事業；

🔍 對應允事項不願意承諾完成時間並無形地阻撓成果；

🔍 製造讓他保持忙碌的代辦事項；

🔍 演繹受害者讓自己無可指責；

🔍 經常找藉口和撒謊；

🔍 慣性拖延及延誤；

🔍 慢性遲到及以各種理由為藉口；

🔍 言行不一致；

🔍 容易生悶氣；

眾多尋求催眠治療的被動攻擊型，並不是發現自己是該人格而尋找支援，而是因為在愛情或事業上出現了一再重複的問題或瓶頸，為他們帶來強烈的沮喪感。

對於戀愛及愛情，被動攻擊型人格「需要愛、關懷及親密關係」與「不值得被愛及不配親密關係」兩項不相容的大腦程式不斷抗爭。需要愛及渴求親密關係的大腦程式觸發後，產生尋找伴侶的動力，動力令他們通過魅力溝通、脆弱心靈的表達、好好先生的形象等吸引

伴侶；但當潛意識偵測出這是提供愛及親密關係的對象時，不值得被愛及不配親密關係的大腦程式隨即被觸發，以更強大的力量驅使被動攻擊型以各種被動的方式破壞這段關係，例如，藉著各種不同理由造成的慣性大遲到，再跟伴侶說「為什麼要生氣，又不是我的錯，為何不懂得理解你的另外一半？」讓伴侶認為是伴侶的脾氣不好、是伴侶的問題。

　　大腦中親密關係與憤怒的連結，讓潛意識很有技巧的根據不同的情況及不同的對象，固定釋放不同程度的心靈攻擊及傷害，令人生氣亦令人產生疑惑，持續的攻擊直到這段關係破裂，「不值得被愛及不配親密關係」的程式才會停止運作。

　　被動攻擊型會對潛意識定義為親密或權威的人進行攻擊，其他身邊的人都只會看到他們被動、美好的一面，所以，這人格的人經常得到身邊朋友的認同及支持，加上潛意識給予他們各種正當的理由，被動攻擊型會認為自己是受害者、是好好先生，而忽略或遮蓋自己各項對他人進行的攻擊及傷害的行為。他們無意識與有意識地令伴侶極為痛苦但卻將戀愛告終的責任歸咎於伴侶。

　　換句話說，被動攻擊型在愛情方面的人生結果，通常是多年來都找不到愛情的幸福，很多更沒有維持長久戀愛關係的能力。

在事業方面，對於權威型人物或競爭對象，會觸發迴避、沉默、不合作、不接受命令等大腦指示語，繼而通過藉口、撒謊、不願意承諾任務完成時間、拖延進度阻撓成果、成全競爭對手等各種方式處事，因此，在工作上會與上司、老闆等潛意識定義的權威型人物產生不和而影響升遷或事業發展。

　　雖然很多被動攻擊型是得不到上司認同的基層上班族，但亦有為數不少是企業主管或領導層職員，因為他們傲人的溝通技巧或後天培育的能力帶領他們達到某程度的成功，但抗拒權威人物的大腦程式最終引致事業長期停滯不前；相對，自僱或經商的被動攻擊型因為沒有權威型人物的挑戰，事業發展往往會比公司聘僱的被動攻擊型更容易成功。

　　被動攻擊型不理想的人生結果都有「正當理由」，例如總是遇人不淑、總是被拋棄、總是遇到合不來的上司、總是倒霉、總是因為別人的錯而失敗等，這些正當理由讓他們成為可憐的受傷者，這些正當理由也增加了辨別出誤導指示語及阻礙成功的大腦程式的困難度，因此，通過人生結果進行倒推式檢視才能發現這些程式。

　　進行倒推式檢視時，須拋開「我是積極正面開心生活只是幸運不降臨在我身上的人」、「不會討好上司是我的錯」、「不懂珍惜愛我的人是我的錯」及各種取得同情或正當理由的想法，專注在結果上，靜心坐下

來，將過去的人生結果寫下，找出共同點及重複出現的情況，並特別注意論斷及負面想法，從而辨認內部運作阻礙成功的大腦程式。

✚ 摘要

📣 人在成長發育的過程，情緒滿足與食物及生理需求同樣重要。

📣 詢問自己，什麼是你渴望的成功而該成功會為你帶來幸福感？如果不會失敗，你會設定什麼目標？

📣 成功的人會問自己「有多想達到目標」，再問「怎樣能達到目標」，而不是問「能不能達到目標」。

📣 奇人或天才級的成功是可以通過建立大腦程式、改變或創造大腦的連結、排除障礙、賦予行動而培養。

📣 若指示語是帶領人走到終點，代表該內心程式與目標相容，若指示語是帶領人返回原點，代表該內心程式與目標相衝，需要進行改寫才能達致成功。

📣「失敗」只是與成功相衝的程式及誤導指示語，它可以被改寫為「此法不可行，但你越來越接近目標，加油吧！」改寫後，就能看清迷宮出路。

　　📢 誤導及負面的指示語不會加上「誤導」或「負面」的備註，而是標示「這是現實」、「這是人生」、「這是對的」等留在潛意識大腦及引領人返回原點。

　　📢 被動攻擊型人格的特徵與誤導指示語性質相當相似，表面都以「對的」、「正確的」、「美好的」的方式呈現，但人生卻是不斷選擇遠離幸福及成功的路徑。

　　📢 專注在結果上，靜心坐下來，將過去的人生結果寫下，找出共同點及重複出現的情況，並特別注意論斷及負面想法，從而辨認內部運作阻礙成功的大腦程式。

人生有如一場遊戲，

玩遊戲需要了解遊戲的規則。

這章將通過能量的遊戲規則，

一層一層剖開為什麼充滿魅力的論斷是成功的阻礙。

論斷的真面目

第四章
Chapter 4

> 「我們聽到及看到的一切都只是一種觀點，而非真理也非事實。」
>
> 羅馬帝國皇帝 馬可・奧里略（Marcus Aurelius）

粟王的法國之旅

「胸圍四十四，腰圍四十，身長三十……」裁縫師正在為粟王量身，以製作一個月後出席人類世界時裝競賽的裝束。

粟王問裁縫師：「為什麼你總是幫我設計棕色或咖啡色的衣服？」

裁縫師尊敬的回說：「在您六歲時，您跟我說，您只喜歡棕色，所以全部的衣服都要棕色為主，其他顏色如白色、黑色可以作搭配。在您九歲、十歲、十四歲、十五歲、十七歲時，我都曾嘗試詢問是否有其他喜好的顏色，但您都向我搖頭。」

　　粟王隨即大笑：「哈哈哈！真的嗎？好像的確是這樣。」

　　粟王轉回認真嚴肅的語氣再問：「你會覺得我很乏味嗎？我的衣著會顯出我是不懂設計的人嗎？」

　　裁縫師尊敬的回說：「我不認為穿著單一顏色衣服是乏味，但如果粟王想要嘗試穿不同顏色的衣服，我非常願意效勞；而我設計的服飾，相信都能呈現我的專業能力。」

　　粟王再次大笑：「哈哈哈！對對對！」於是粟王認真思考了顏色問題，再說：「去法國的晚禮服仍是以棕色、黑色為主；但其他便裝，你覺得紅色、紫色、藍色等色系，是否能搭配出我英俊倜儻的外表及成熟穩重的個性？」

　　裁縫師意味深長的微笑，並回說：「可以。」

　　粟王高興地說：「好，那就麻煩你為我作新的嘗試。」

　　蟻蜂國二皇子與蘋果國公主正在為創建新的汽車品牌而忙碌，因此，粟王計畫結束法國的行程後，再到蘋果國與他們聚合。

　　時光飛逝，一個月轉眼過去，粟王也來到人類世界的法國。

完成登記進入時裝競賽現場後，看到一個像魔法世界般的場地，高尚亮麗的裝潢融入人類世界各國的特色、變化萬千的燈光正在閃爍、高端聽覺震撼的音響正在播放音樂、活動式設計的觀眾席正在轉動，大量的工作人員像螞蟻般的忙碌著。粟王按照指示走到後台找鳳梨國公主的團隊，過程中看到各種讓他驚奇的誇張化粧、色彩繽紛而裁切奇異的衣裳，聞到各種淡濃不一但令人愉悅的香水。

到達鳳梨國公主的團隊準備房，敲門並打開門的瞬間，映入眼簾皆是穿黃色與綠色衣裳的人，粟王不自覺的皺眉，但他提醒自己：「這是時尚，這是設計，不是低品味。」這時，興奮的鳳梨國公主向他走近，並說：「太好了，你到了！而且非常準時。」

粟王禮貌且恭敬地回說：「好久不見，鳳梨國公主，謝謝你邀請我參加這麼盛大的競賽，希望我的到來不會打擾你們的準備。」

公主接著說：「粟王，你可以叫我小羽，我的名字是鳳羽，我的團隊成員都叫我小羽。」粟王點頭，表示同意。

粟王環觀四周，希望找位置坐下儘量不阻礙他們，這時小羽從一排大型的活動衣架上拿了一件鮮黃色為主、黑色為底的雙層雕刻套裝，走向粟王，並說：「粟王，你是否記得一個月前，我向你的裁縫師取得你的量

身尺寸。」粟王緩慢的點頭，開始猜想小羽的動機及意圖，直覺告訴他這公主不是單純邀請他來旁觀的。

粟王先開口說：「是的，我以為你要為我設計衣服，以向我展示你的設計能力。」

小羽帶著笑容說：「沒有錯，我的確為你設計了一套衣裳，就是這套。」粟王瞇起眼睛，看著小羽手上的這套黃色的衣服，不安的直覺越來越強烈。

小羽繼續說：「這衣服是我今年設計系列的壓軸套裝。」

這時小羽轉身向團隊的其中一人示意請她過來，被喚召的團隊成員走近後，小羽接著說：「這套裝的設計意念是與我身邊的小綠現在穿的綠裙子搭配，兩套都是雙層雕刻的設計，大型鸚鵡為主題，佐以葉型皺摺衣袖的參賽作品。」

感到中圈套但假裝鎮定的粟王說：「這套衣服是為我設計的，又是參賽作品，換句話說，你希望我穿著這套衣服成為你今天的團隊成員？」

小羽對於粟王的聰明並不驚訝，深不見底的雙目對看著粟王的雙眸，相當肯定地回說：「是的。」

繼續假裝鎮定的粟王說：「萬一我沒有來，或者我拒絕穿這套衣服走上舞台，你怎麼辦？」

小羽認真嚴肅回答：「在鳳梨國，我找不到一個適合穿這套衣服的人，因為這衣服是以巨大鳥類為主題，除了身材高大壯碩以外，穿的人也需要有霸氣氣質去顯出這衣服的感覺。我相信你會來，所以沒有想過你不會來，也沒有想過你會拒絕上舞台，因為如果事情真的發生，自然會有處理的方式，我不花時間去擔憂沒有發生的事。」

　　粟王對於小羽說出他有完美的身材及霸氣氣質相當滿意，壓抑著滿心歡喜的情緒再問說：「為什麼不事先告訴我？」

　　小羽更加認真地回答：「因為這是一週前才決定重新修改的設計，原本的設計我雖然喜歡，但它沒有壓軸的魅力；而你跟你的城堡給我的感覺是這新設計的靈感來源。」

　　粟王心裡暗自狂喜，但表情卻嚴肅地說：「我沒有任何走時裝舞台的經驗，你讓我上台是一種冒險。」

　　小羽也認真的回說：「你不需要學習任何時裝舞台的走法，這套衣服是為你設計的，只有你的霸氣感及平常的走路方式才能盡顯這衣服的靈魂。」

　　粟王帶著佩服的眼神盯著小羽，認真思考後回說：「我來法國，原本計畫要詳談我們兩國的合作，沒想到我成為你團隊的一部分來開始我們合作關係。」

小羿這時候由認真的表情轉為笑容，並抓起粟王的雙手說：「謝謝你！」感受到小羿手中傳來的溫度，粟王的臉不經意地紅了起來；整個團隊也因為粟王的加入高興歡騰起來！

小羿隨即轉身面向團隊的成員，雙手舉大字型地說：「有了粟王的加入，我們一定可以贏得冠軍！」整個團隊再次歡呼及士氣十足。

當粟王穿上該套裝看著鏡子時，發現自己其實很適合穿黃色，而且這衣服的確讓他的霸氣更明顯。他相當驚訝小羿在粟國建國宴這麼短的時間，就能觀察出他各項的細節。他從不害怕舞台，只是沒有上過時裝舞台，小羿對他的信心，不但讓他沒有懼怕、沒有懷疑，更是充滿自信。

設計競賽在當天下午五時開始，評審來自跨世界不同國家共一百位，入選參賽的組別能用一分鐘在舞台上，以各種方式向評審展示服裝設計品，限制展出八到十套衣服，另可自行搭配音樂及舞蹈。

鳳梨國是八十八個參賽隊伍裡第七十七隊上台的設計隊伍。競賽開始後，各種主題特色的時裝一隊一隊地展露於評審的眼前；當主持人說「第七十七隊為蔬果世界鳳梨國」時，熱帶叢林流水聲、清脆怡然的鳥叫聲在偌大的表演場地慢慢響起，黃綠色系的設計衣裳配合音樂逐一展現；草蜢狀綠色休閒軍外套、竹簾狀綠白間

條休閒裙、蕨葉狀綠色開襟毛外套、楓葉狀紅黃色雨傘裙、蜂巢狀棕黃色高領風衣、百合狀黃白色Ａ字短裙等一一在台上展出。

在幕後等待小羽指示的粟王，眼神自信，親暱低頭在小羽耳旁輕聲說：「這是我人生第一次來到人類世界、第一次穿黃色的衣服、第一次走上時裝舞台，所以，我們一定會贏！」小羽回以自信的眼神及微笑，表示無限認同。

當會場音樂轉為各類鸚鵡的叫聲、拍羽聲、飛翔聲時，小羽示意粟王及小綠走出舞台；在燈光及音樂的襯托下，兩套鸚鵡雕刻、葉型皺摺、黃綠搭配的情侶晚禮服，以艷壓全場的氣派呈現於眾人的雙眸中，熱烈的掌聲隨即興起。

展示結束後，感動的眼淚不停落下的小羽，帶著無限感激，逐一擁抱及感謝回到後台的每一位團隊成員。

參賽的八十八組隊伍皆上台展示後，眾人期待著賽果。

原預定在晚上八時公佈的結果，延後半小時，因為有兩組同分，須重新檢驗分數並以小數點後兩位作分數計算。

在等待賽果的時間，鳳梨國團隊在後台聊天。此時，粟王正在思考：「若在粟國設立時裝設計學院，小羽這麼忙碌能帶領或指導嗎？還是要她推薦人才？」

在粟王思考設計學院時，小羽手上拿著票券走到粟王旁邊並坐下，微笑輕聲地說：「明天法國有一場小提琴演奏會，是人類世界知名小提琴家的演出，希望邀請你一同欣賞，也當作是感謝你答應上台的禮物。」

粟王看著票券，不經意的皺起眉頭，回小羽說：「這是男小提琴家？」小羽點頭。

粟王皺著的眉頭更繃緊，回說：「謝謝你，今天上台是我們兩國合作的開始，我其實非常期待日後的合作；至於演奏，感謝你的邀請，可是，對於娘娘腔，我興趣不大。」

小羽相當疑惑地問：「娘娘腔？你是指演奏者是娘娘腔？」

粟王回說：「我不是歧視，不要誤會我是歧視，但是男的小提琴家應該都是娘娘腔，很久以前就觀察到這現象。」

小羽心裡想這其實就是歧視，但她沒有選擇辯論歧視的問題，而是說：「據我所知，這演奏家除了小提琴藝出眾外，也曾被選為人類世界的健美先生，健碩的

他，在各種公開場合都盡顯男士魅力，因此，我相信他不像是你說的娘娘腔。」

粟王有點懷疑，因為這是他從小就有的概念；小羽看到他緊皺的眉頭還沒放開，於是接著說：「就算他是娘娘腔，我相信對於欣賞他的演奏也沒有影響。」

「反而在設計界，的確有很多你所說的娘娘腔，他們是比較女性化的男性，他們能了解女性的內涵也了解男性的需求，這優點讓他們設計出相當出眾的作品。」

粟王的眉頭開始漸漸鬆開，小羽繼續說：「就以今年法國隊的主設計師為例，他是很女性化的男性，『女人殺手』也是他的綽號，因為他比女性更了解女性，設計的服裝都讓很多貴婦一看就愛上；今年他以男女的差異作為設計主題，他的作品是我認為跟我最具競爭的時裝。」

「我得知你有開拓粟國到各世界的願景，如果你能接受各行各業不同的人，包括娘娘腔，相信你可以看到或找到更多協助你的人。」粟王認真地思考小羽的觀點，努力回想為什麼之前會不喜歡娘娘腔的演奏家；娘娘腔也可以是出眾的人，為什麼我會有排斥的想法？

這時候，競賽的結果出爐，蔬果世界鳳梨國再次奪得競賽的冠軍，並同時摘下色調融合獎。鳳梨國團隊聽到結果後一起同時歡嚎！充滿喜悅、歡呼不斷的成員

隨即從後台走到台前領獎。

　　刺眼的射燈映射著鳳梨國每一位成員，這時，站在台上微笑對著觀眾的粟王，側身並輕聲的對小羽說：「謝謝你的邀請，很期待明天能跟你一同觀賞小提琴的演奏。」小羽微笑並以欣賞他寬宏氣度的眼神看著他。

故事驛站

　正面、鼓勵及真誠的話語是有效刺激大腦產生動力的方式。一個國王在沒有預期的情況下，心甘情願答應一位公主當模特兒，是運用正面語言及溝通得當的結果。

　任何的觀點都只是想法，有些想法會讓人收窄視野，例如粟王小時候被灌輸「小提琴是柔弱女孩子的玩意。」的偏見想法。有些想法卻能讓人擴大視野，例如小羽提出「女性化的男性能有不一樣的理解能力」的想法。

　用心聆聽別人的觀點，會看到不一樣的世界。

　尊重別人，可以打開心靈視野。

知識庫

遊戲規則

　　人生有如一場遊戲，一場在地球進行的遊戲，若了解這場遊戲的規則，遵循規則並配合適當的行動，這遊戲將會為你帶來無限的喜悅、歡樂、成就及滿足。

　　美國著名的新思想作家華萊士・沃特爾斯（Wallace Wattles）是成功學作家的先驅人物，於 1910 年，他在《致富成功學》（The Science of Getting Rich）一書中提出「思想是唯一可以從無形物質中產生有形財富的力量」的觀念，因為思想具有能量。

　　人生可以簡單的看成是時間與空間的能量交換遊戲，給予什麼，經過時間及空間，接收回什麼；例如，發出愛的能量，通過時間及空間，吸引回愛的事物，發出害怕的能量，通過時間及空間，吸引回害怕的事物。

　　1939 年俄國電子工程師塞姆揚・克里安（Semyon Kirlian）發明克里安攝影術拍出生物周圍散發的能量場，其後，科學家紛紛進行各項實驗，並證明每一種生物甚至物件皆具有能量場。同理，人類也不例外，同樣具有肉眼看不見的能量場。

　　人類的能量場在世界不同國家以不同方式被命名及應用，例如中國的經脈學、中國的氣功學、印度的七輪能量學、日本的靈氣療法等都是應用能量場進行身體

療癒的學問。

2013 年在《科學》（Science）這知名的期刊發表了一篇相關花朵以其生物電場吸引蜜蜂進行採蜜的報告。該研究用特別攝影技術拍得圍繞花的電場圖，並發現，蜜蜂可以偵測到圍繞花的強弱電場能量，判斷出採集最多花蜜的花朵位置從而採蜜，換句話說，蜜蜂受到相關能量場的吸引，決定最有利的採蜜路線。

花朵用其能量場吸引幫助它繁衍的蜜蜂，若以同樣理論思考，人類與其他生物一樣，以能量作為工具，活躍地接收及釋放能量，從而吸引相對應的生物或物質。

日本學者江本勝博士（Dr. Masaru Emoto）於 2002 年出版的《生命的答案水知道》一書中，以大量水結晶的圖片，證明人使用心念及不同的語言，可產生能量以改變水的分子結構，正面言語，例如「愛」、「謝謝」、「希望」、「幸福」等用語，能讓水產生美麗結晶，負面言語，例如「討厭」、「生氣」等用語，水會產生醜陋的結晶，換言之，水因應接收不同的能量呈現不同的面貌。

繼水結晶的實驗，於 2010 年江本勝博士根據相關水能傳遞能量的的理念基礎，進行了米的實驗（Rice Experiment）；他將米放在三個透明玻璃容器中，然後加水，每一天，連續一個月，以日文對第一個容器說「謝謝」，對第二個容器說「你是笨蛋」，對第三個容

器採取完全忽略的政策；一個月後，接受「謝謝」訊息的米變黃在水中冒泡及散發米的氣味，接受「你是笨蛋」訊息的米變成了黑色及水份乾涸，而被忽略的米表象最差，水份乾涸並開始結石。

　　生物皆依賴水為生，通過水結晶及米的實驗可見能量以看不見的形式不斷交流並影響著人們。

　　思想的能量能創造成功、能創造平凡、也能創造各項結果；很多想要改變或渴望成功的人，往往忽略思想的能量，將專注力放在各項環境因素上，有如一個青年種植蘋果樹，當樹木長大後，他將注意力放在長出的果實──蘋果上，當摘下蘋果時發現它的色澤、味道、形狀都不滿意時，不停想著：「如何改變這蘋果？是要注射營養？還是要噴蠟保護它表皮？」經過多翻努力，青年對著蘋果做的各項工作皆沒有效果，失望非常並不停咒罵這是不中用的蘋果樹；一位年長的鄰居有一天到這青年的家作客，於是青年對著鄰居抱怨這蘋果樹：「這不中用的蘋果樹，我嘗試了無數方法都無法改善它的果實。」年長的鄰居回應：「樹的根才是決定果實結果的源頭，要改變果實，必須先照顧樹根的健康。」青年才惺然大悟。

　　思想就像蘋果樹根一樣，是各項結果的源頭，要改變結果先要改變思想。以思想的能量散發及吸引成功的例子相當多，例如喬・維泰利（Joe Vitale），他是一

位作家、心靈導師，催眠行銷股份有限公司（Hypnotic Marketing, Inc.）總裁，曾經是一個街友，無錢租房子的人，他今天過著富裕、滿足、幸福的生活，並不是突然中了樂透，而是他學會了能量吸引及接收的規則，由潛意識層面，一步一步去改變發出的能量，由負轉正，以致過著很多人羨慕的生活。

艾薩克·利茨基（Isaac Lidsky）是一位盲人、企業家、作家、演講者，十九歲在哈佛大學畢業，開創自己的公司，其後為了夢想，再次踏進哈佛大學攻讀法律系，畢業後於美國高等法院任職，他現時在自己成立的建築公司擔任行政總裁，公司的年營收超過2.5億美元；他十三歲時被診斷出先天性視網膜衰退症，視力漸漸失去，二十五歲時完全失明，失去視力曾經讓他誤以為人生從此失去希望，雖經歷一般人無法體會的沮喪，但他最終找回思想的視覺、以思想產生了希望的視野、以思想及信念創造屬於他的成功。

人生如一場思想能量交換的遊戲，透過思想連帶情感以產生行動及言語，因此，改變思想、改變能量，就能改變結果。

論斷是思想，接下來通過了解論斷對與錯連帶的能量，了解論斷的產物以及它如何阻礙成功。

論斷的能量

論斷本身沒有絕對的對與錯，論斷事件、論斷他人、論斷自己都只是不同大腦程式運作後產生不同的觀點，然而，需要注意的是論斷的能量，因為能量決定了接收及吸引的事物。

美國的心靈導師克莉絲蒂‧瑪麗‧謝爾頓（Christie Marie Sheldon），專長協助人處理負面能量改變生命，她將情感的能量以數字等級排序如下表。

能量（情感）	能量指數	能量（情感）	能量指數
振奮、啟發	700 以上	驕傲	175
安心、寧靜	600	生氣、憤怒	150
喜悅	540	渴求	125
愛（信任、尊重）	500	害怕	100
理智	400	悲哀、傷心	75
接受	350	冷漠	50
心甘情願、樂意	310	羞恥、內疚	30
勇氣、鼓勵	200	丟臉、侮辱	20

論斷不只是論斷，它是連帶情感的思想且具有能量。看清論斷，需先經由想法及情感拆解其能量。

論斷別人都以告訴別人「對」的事實為前題，然而這些「對」的面紗，皆產生了不同的能量，透過能量可以了解話語真正傳遞的訊息，以三個電影情境作例子說明。

情境一、母親勸女兒放棄難以實現的夢想。 （摘自電影麻辣女強人 Morning Glory）	話語釋放的能量
女主角貝琪是一位電視新聞製作人員，擁抱夢想並奮力工作的她，突然被公司裁撤，回到家中母親得知後，母親對她說了以下的話： 「在八歲時，你遠大的夢想讓人覺得你很可愛；十八歲時，你的夢想振奮人心；但二十八歲還擁有這不切實際的夢想，就稱得上是丟臉。而我希望你在徹底絕望前勸阻你。」	害怕 羞恥 丟臉 生氣 理智

　　情境一中母親根據自身的大腦程式勸告女兒，做人應該要面對現實、不應該不切實際，她說的都是對她來說是「對」的事，但不是絕對的對與錯，因為女兒最後成功擁抱夢想。以能量去拆解對話，可見母親真正表達的意思是：「你這夢想令我感到羞恥、丟臉、生氣；我害怕你會因為這個夢想無法養活自己，人必須要在適當時候低頭及放棄。」這些論斷也是遠離成功的指示語。

情境二、商業上有衝突的男女 （摘自電影電子情書 You've Got Mail）	話語釋放的能量
男主角喬是大型連鎖書店的老闆，女主角凱薩琳是繼承母親書店的老闆娘；因為喬的連鎖書店，凱薩琳的小型書店面臨倒閉。兩人在現實生活是敵人，但卻是網路世界的朋友；凱薩琳還未知道喬是她的網路朋友時，在咖啡廳中向喬說了以下的話： 「你跟你的主題公園、庸俗化的咖啡世界，讓你認為你是一個偉人，把書帶給群眾。但沒有人會記得你。」 「也許沒有人會記得我。但是很多人記得我的母親，無數的人看到她的好，並且認為她的書店是獨特的。」 「而你什麼也不是，只不過是一套西裝。」	驕傲 生氣 羞恥 侮辱

　　通過論斷的能量理解凱薩琳的話語，可將其詮釋為：「我為自己及母親感到驕傲，因為我們才是真正懂書的人，我們了解書的內涵才賣書，而你只懂得金錢的遊戲，沒有內涵擁有金錢的你，應該要感到羞恥，因為你只是金玉其外敗絮其中的一套西裝。」

　　她的話沒有絕對的對與錯，只是表達了她的價值觀。凱薩琳的書店最後倒閉，無法延續她母親的方式為人們帶來有內涵的書。

情境三、老闆對員工觀點的指正 （摘自電影穿著 Prada 的惡魔 The Devil Wears Prada）	話語釋放的能量
米蘭達是時尚雜誌的主編，是一個惡魔般難搞的上司，而安德麗亞是她的助理。 當米蘭達在兩條藍色的皮帶中挑選其一，用以搭配外套時，安德麗亞笑了出來，米蘭達嚴肅地問她為什麼要笑。 安德麗亞表示她看不出兩條藍色腰帶有何分別，她仍在學習這東西。 米蘭達以不屑的語氣說了以下的話指正安德麗亞的觀念： 「這東西？」「哦，我明白了，妳覺得這些跟妳毫無關係？妳打開衣櫃，隨手挑出一件藍色毛衣，再告訴別人妳很有個性，所以沒空關注時裝，妳一定不曉得那件毛衣不只是藍色，它不是湖水藍，也不是青藍，而是天藍色。」 「你亦不會知道知名的時裝設計師在 2002 年出天藍晚裝系列，之後聖羅蘭（YSL）推出天藍軍外套，此後，天藍色先後以八個不同設計系列出現，再滲落百貨公司成衣部，然後去到便服店，最後在減價攤位讓妳買了。」 「那藍色代表着千萬美元，無數人心血汗水。」 「妳竟視若無睹，認為跟妳沒有關係，事實上，妳現在穿的毛衣，是我們從你口中說的東西中，揀選出來的。」	理智 驕傲 生氣 冷漠 羞恥 侮辱

情境三中安德麗亞的笑，無意中觸發了上司米蘭達羞恥及侮辱的情感，於是她以同樣情感回應並教導安德麗亞：「你應該為你的衣著感到羞恥，因為你連它是那一種藍色都不知道，你值得被我侮辱因為你相當無知，而你的無知也會令你被其他人排擠。」

　　以上的情境都是不同人反應出的價值觀，通過能量，可以理解話語真正的意義；不同的論斷帶著不同的能量，不一定所有的論斷都帶著羞恥或侮辱等負面能量。例如，公司面試，需在眾多求職者中挑選出稱職的人，主管在挑選時可以散發喜悅的能量，因為將有新人加入公司團隊，也可以散發愛的能量，因為相信可以找到好的人才，也可以散發理智的能量，因為需以理智判斷什麼人適合公司。

　　然而，須注意的是，散發的能量不是自己說了算。

　　以髒話為例，曾經看著、聽著、感受著一個人多次在每一句話裡摻雜髒話去羞辱及論斷人，但卻認為自己是提醒、教導及鼓勵人。

　　香港澳門地區擁有很特別的文化──髒話文化；2014 年回到澳門的時候，聽到身邊的人頻繁的說出髒話，對於負面能量抗拒的我，曾多次詢問不同的人，為什麼要選擇說負面的髒話？而我得到的回答都相當類似：髒話是為了達到加強情感而選用的助語詞。他們向我解釋，髒話這不一定是負面，只是助語詞，這種助語

詞常常使用在充滿歡樂的情況，所以可以是正面的。

　　我認同這種可能性，因為港澳地區其中一個很常表達的髒話，到了台灣卻被用以表達「很棒」的情感。換句話說，文字及言語本身是沒有正或負的能量，它們經過生活各種互動，大腦讓文字與情感產生連結，從而具有不同的能量。

　　基於同意「髒話不一定是負面」的可能性，在澳門工作的期間，我仔細聆聽並嘗試找出連結正面情感的髒話，但幾乎找不到。不管是在公司上班、餐廳用餐、百貨公司逛街、喜慶活動湊熱鬧、公園閒坐、超市結帳輪候等各種各樣的情況，聽到從澳門人、香港人、中國內地同胞口中說出的廣東髒話，根據我的理解及感受，絕大部分都連帶負面情感，雖然的確有不少是在笑聲中說出，強弱程度也有差異，但幾乎都與驕傲、生氣、渴求、害怕、冷漠、羞恥及侮辱等一種或多種的情感連接。

　　相對，在台灣生活超過十年的時間，經常聽到台灣人用國語說出該廣東髒話用字時，所感覺到的幾乎全部都是正面的能量，情況多種多樣，大部分都連接振奮、喜悅、接受等能量。

　　要理解為什麼髒話通常是連結負面能量，可以通過兒時生活及社會環境。想像一個六歲的小孩子因為考試考不好，回家讓父親簽成績單時，父親生氣的對孩子說：「XXX（髒話），怎麼生出一個這麼笨的兒子，

玩耍花錢就第一，讀書就最後！」這時候，孩子接收這句髒話時，不只學習了語言，而是學習連帶髒話的情感，包括生氣、害怕、傷心、丟臉等。隔天，這孩子與母親在外用餐，觀察到隔桌憤怒的兩位大叔用昨天父親對他說的髒話在罵別人，這時候，小孩再一次學習了該髒話連帶的情感。日復一日，小孩對於髒話產生的情感連結經過不同事情不斷被加強及強化；長大後，面對各種生氣、害怕、傷心、丟臉或其他負面情況時，潛意識的自動重複機制啟動，髒話就會不經意的說出，用以表達負面的情感，也就是，髒話是被負面的情感觸動而產生的自動反應。若要定義髒話散發的能量，要看話語連接的情感，而不是笑容或說出「正面」兩字來定義它的能量。

論斷跟髒話非常相似，不管是論斷別人或論斷自己，它連帶原始的深層情感很多時候都是偏向負面，所以，論斷大多數情況是在吸引負面的事物。

 ## 論斷的魅力

論斷具有無法抗拒的魅力，它用對、對、對來吸引人。論斷有不同的樣貌，我將其分為三類，第一類，是自我論斷；第二類，是論斷他人；第三類，是對事物的論斷，第一類及第二類又分為正面（或能量高）的論

斷及負面（或能量低）的論斷兩種。

✚ 負面的自我論斷──趾甲奇怪的異類

第一類負面自我論斷以剝腳趾甲作為例子。在小學一次慶祝活動上，我們全級的學生一同玩一個需要赤腳的團體遊戲；遊戲結束後，每個人都得到一大包糖果及零食，所以每個小朋友都相當歡樂一同赤腳坐在木地板上開始吃零食及聊天；這時，隔壁班成績優秀的一個女同學走到我們班的聊天圈，幾分鐘之後，她看到了我的腳拇趾比腳食趾短，疑惑的她指著我的腳趾問：「你的腳拇趾為何這麼短？你看我的，比你長。」我回覆我不知道；數分鐘後，她帶其他三個她的同班同學，來到我旁邊，對我說：「你看，我們全部的腳拇趾都比腳食趾長，只有你一個是腳拇趾短。」坐我旁邊的兩個男同學原本沒有要理她，但是四個人圍著我時，男同學們也觀察了他們自己的腳拇趾，發現腳拇趾都比腳食趾長。最後，這位隔壁班成績優秀的女同學，成功證明了她是「正常」人類，而我是「奇怪」異類，所以，帶著她自豪的笑聲及牽絆她三個朋友，離開了我們班的圈圈。沒多久之後，我建立了跟隨我二十多年的習慣──剝腳趾甲。

當時潛意識接收了羞怯的能量及「我的腳趾是奇怪」這「事實」後，它選擇了剝腳指甲這行為以顯露羞怯的能量及證明腳趾奇怪這「對」的「事實」。

實際上，腳拇趾較腳食趾短的人，佔了四成或以上，並不是奇異的現象。但潛意識喜歡擁抱專屬的事實，成長的過程，潛意識不斷使用其 90% 行為的控制能力，繼續讓我不自覺地剝趾甲，以守衛該「對」的事實，不管意識怎樣的呼喚說：「腳趾剝成這樣，真的又奇怪又難看，不要再剝了，不然永遠都不能穿露趾的鞋子！」這「事實」都從沒有被打破。直到使用催眠方式，改變潛意識固守的「事實」後，剝趾甲的習慣才隨之遠離。

　　以上是個人的例子，剝手指甲或腳趾甲皆有不同根源，很多個案是因為小時候焦慮的生活情況而建立剝指甲的習慣。

　　負面的自我論斷，以各種形式產生，它們跟「我的腳是奇怪的」一樣，只是潛意識專屬「對」的事實，不是客觀的事實。這類的論斷，通常連結的能量包括害怕、羞恥、丟臉、渴求、悲哀、生氣等能量，常見的自我論斷例子：

　　🔎 我不是一個讀書材料（連結能量：害怕、丟臉、羞恥、渴求）；

　　🔎 我沒有音樂／藝術／數學／科學／運動／外語的天份（連結能量：害怕、丟臉、羞恥、渴求）；

　　🔎 我喝水也會胖（連結能量：害怕、丟臉、羞恥）；

🔎 我不會跟女孩子／男孩子溝通（連結能量：害怕、渴求）；

🔎 我不會化妝／不會打扮／不會時尚（連結能量：害怕、渴求）；

🔎 愛神從不眷顧我，我喜歡的人都不喜歡我（連結能量：害怕、渴求）；

🔎 我必須為別人付出，否則沒有人會接納我（連結能量：害怕、悲哀）；

🔎 我這習慣改不了（連結能量：害怕）；

🔎 我的腦袋轉數慢（連結能量：害怕、丟臉、羞恥、渴求）；

🔎 我的記憶力很差（連結能量：害怕、丟臉、羞恥）；

🔎 我就是笨（連結能量：害怕、丟臉、羞恥、生氣）；

🔎 我不會管錢／管時間／管人（連結能量：害怕、渴求）；

🔎 我是身體很弱的人（連結能量：害怕）；

🔎 我不知道我想要什麼（連結能量：害怕）；

🔎 我是三分鐘熱度的人（連結能量：害怕、渴求）；

🔎 我是倒霉王，倒霉的事總會跟著我（連結能量：害怕）；

🔍 我是造成別人負擔的人（連結能量：害怕、丟臉、羞恥、冷漠）；

🔍 我是一個脾氣差／脾氣好的人（連結能量：害怕、渴求）；

✚ 正面的自我論斷——模特兒的程式

正面的自我論斷舉友人蔲依（Chloe）的大腦程式作為例子。蔲依出生在一個傳統的家庭，父親是服務業銷售員，母親是家庭主婦，蔲依是一個長相可人、皮膚白皙的美麗女孩，長大的過程不斷受到家人、親戚、同學稱讚其外貌，各人都重複說她長得像模特兒一樣；在接受眾人稱讚的同時，傳統觀念家庭長大的她，父母親也不停灌輸要腳踏實地努力賺錢的價值觀，當潛意識接收了各種訊息及連結信任、接受、稱讚等能量時，產生「我是模特兒」及「我是腳踏實地的人」等正面的自我論斷，並認定這是「對」的事實。

成長獨立後，不到三十歲的她，現時是銷售業的高級經理，她每天的穿著，從化妝品、耳環、項鍊、衣服到鞋子，每樣都是奢侈高級名牌，也經常出國旅遊，在臉書[1]上傳的自拍照片、宴會照片、旅遊照片都會接收到

---

[1] 臉書來自英文 Facebook（簡稱 FB），源於美國的社群網路服務及社會化媒體網站，使用者必須註冊才能使用 Facebook，註冊後他們可以創建個人檔案、將其他使用者加為好友、傳遞訊息，並在其他使用者更新個人檔案時獲得自動通知。

「太美了」、「你像某某明星」、「你像模特兒」、「你過著明星般讓人羨慕的生活」等留言，而她對留言的回覆都離不開「這是腳踏實地努力的結果」相類似的話語。

潛意識認定為「對」的「事實」時，會散發各種能量吸引相關的事物，以極力維持對的理念，蔻依的職稱雖然不是模特兒，但用生活的結果去呈現「我是模特兒」及「我是腳踏實地的人」的事實，而這事實連結的能量包括喜悅、信任、接受、鼓勵等。

✚ 負面的論斷他人──生理與心理不一致

對於論斷他人，大腦會先檢視已被灌輸的程式，分析「對」的事實，確認自己不是這種人或不會做同樣的事情後，作出論斷，通常帶有不認同、羞恥、侮辱、害怕等能量。

以跨性別者（Transgender）中的變性者（Transsexual）作為論斷他人的例子，他們可算是現今社會大多數人都誤解的一群人。

當談論到跨性別者時，身邊有不少人相當反感並作出各種論斷，包括認為變性者是心理出問題、不自愛、不顧家人、不顧朋友；追求刺激，用別的性別遊戲人生；為了賺錢而放棄原本的性別；是同性戀，為了愛侶改變性別；前世罪孽深重，今世出生在錯誤的身體來還孽及其他各種想法。

以上想法及程式可能來自小時候，看到同學們恥笑有蓮花手的男老師、老師厭惡喜歡穿裙子的小男孩、跟男同學一起踢球的女同學被其他女同學排擠、電影裡對同性戀及整型的人進行批評等，然而，這些都是別人帶著害怕、羞恥、鄙視、冷漠等情感灌輸的程式。

　　根據越來越多的科學研究，跨性別者不是不自愛、不是為了經歷不同性別遊戲人生、也不屬於同性戀，而是沒有像一般人一樣幸運。

　　1996 年荷蘭一所大腦研究中心發表了一篇相關人類大腦性別差異與跨性別者關係的論文，科學家解剖多位女變性者（出生時為男性）的大腦進行研究及分析，結果發現這些被剖析的大腦海馬迴區域，有著決定女性性別行為的大腦結構。簡單來說，這些跨性別者出生時雖是男性身體，但卻具有女性行為的大腦。

　　大多數（約 99%）的情況，一個結合了 XY 染色體的男嬰，在懷孕期的前三個月，母體會釋放幫助男性性別發展的荷爾蒙，讓嬰兒的大腦順利發展為男性的大腦；該研究推論跨性別者在嬰兒時期，沒有接受適當數量的荷爾蒙或抗拒接受來自母體的荷爾蒙，從而造成身體是男性，大腦是女性的結果。

　　比荷蘭的研究早三十年，1966 年，班傑明醫生（Dr. Harry Benjamin）撰寫的《變性現象》（Transsexual Phenomenon）中，將他多年接觸及治療變性人的臨床

經驗，以不同程度性別認同障礙[2]的情況分為六類型，其中他強烈主張第六種類型的人進行變性手術，因這類型的人，長期呈現身體與心理性別不一致的想法，而產生極大痛苦，就類同上述荷蘭大腦研究中心的研究，身體是一種性別，而大腦是另一種性別。

大部分變性者，他們在很小的時候，就發現自己有性別認同的障礙，只是有些人選擇表達，有些人選擇壓抑。

一位美國友人的姪女，現年十五歲，她約九歲時就不斷的告訴家人她不是女孩子，她每天看著鏡子時會哭泣並問自己：「我是男生還是女生？」在學校去洗手間時，不單單找女洗手間，而是重複問自己「我是男生還是女生？」她父母親曾經用盡了各種方式希望能教導及糾正她的想法，但女兒傷害自己的行為、痛苦的表達及各種生活的細節，讓他們決定求診，現時仍在評估期間。

由評估到進行變性手術，約需一到兩年時間，不是大眾認為像打針吃藥一樣簡單，除了手術過程本身不輕鬆外，小女孩及她的父母需要面對別人的眼光及承受各種心理壓力，都不是一般人可以理解的事。

---

[2] 人們出現與自己實際性別認同不相同的性別，或是在一般男性或女性類別外的感覺，這稱為跨性別經驗，而許多有跨性別經驗的人，能與自己的性別不一致達成妥協，而因此能自在生活。然而有些人則出現性別焦慮，對會自己特定性別感到痛苦，而需要尋求治療，這些人就可稱為性別認同障礙。

另一個女跨性別者個案，她現時將近六十歲，在幼稚園時就開始覺得自己不是男孩子，大學時期認識了她的妻子，結婚二十多年，持續壓抑至五十五歲時才決定做變性手術，而這決定背負了很大的心理包袱，也是一個非常勇敢及不容易的決定，因為很多跨性別者無法面對朋友的眼光、無法壓抑自己、無法承受其他的心理壓力時，經常會選擇輕生。

　　不管是對跨性別者、同性戀、雙性戀，或其他情況對別人產生的負面論斷，大腦認定的「對」，都只是一種觀點，不是絕對的對與錯；而這類型的論斷，通常依附著強烈的羞恥、丟臉、驕傲、冷漠、害怕等負面的能量。

✚ 正面的論斷他人──避免用嘴巴找東西

　　這種論斷是在別人身上找出特性從而散發正面的能量。社會的價值觀傾向呈現成功＝完美，及鼓吹完美主義，但每一個人及任何事情都不可能是完美，一定有可以挑剔及改善的地方，相對，每一個人一定有可以貢獻之處或美好的一面，找出這美好的方面並作出評價，就是正面的論斷他人。

　　有人曾對我說：「我真的找不到某某人的可取之處，他的特質全都是負面的。」

　　找不到有兩種可能，一是可取之處還沒有呈現，這情況的機率不大，當一個人呈現這麼多負面特質時，

正面特質應同時呈現。

另一個原因是因為「用了嘴巴找」，所以找不到。我是一個生活簡約主義者，所以家裡各項物品都會歸類以及根據其類別置放其所，家裡超過一年以上不使用的物品，經物品的所屬者允許後，我會將之丟棄或回收處理，因此母親經常認為她在家裡找不到的物品都被我丟棄；她經常問：「你是否丟掉了我某某東西？我找不到。」當我確切告訴她該東西的位置時，她沒有根據我的描述去找而是回答說：「我真的找不到。」直至我將這東西在我描述的位置中取出給她，她才會由沮喪的心情變回喜悅的心情，這可愛的遊戲經常重演並讓生活增添不少歡樂。

母親的確曾經嘗試尋找，但是只限於她自己認定的地方，而不是物品被我重置的地方。當無法在一個人身上找出美好特質的情況與這種用嘴巴找東西的方式相當類似，重複同一方面看一個人時，只會看到舊有的觀點；擁抱舊觀點時，大腦總會找出辦法證明「對」，只有超越該觀點時，才能看到不一樣的人事物；而且，在超越舊有負面觀點的同時，接受、理智、愛、喜悅等正面的能量也會伴隨。

✚ 論斷事情──焦點轉移

曾在一間台灣高等學府當行政人員，在招生高峰期間，我第一次擔任考試的監考輔助人員。

每一間考試教室，都會安排兩位監考人員，一位是主監考員，另一位是副監考員，我沒有任何的監考經驗，所以在當年的考試季，我擔任副監考員。

考試安排在週六上午九時開始，當天天氣相當晴朗，監考人員需提前三十分鐘到達現場也就是八時三十分，作試卷分發，主監考員負責領取試卷、向副監考員講解試卷的分發順序及說明注意事項。

當天，主監考員遲到約十分鐘，他拿著考試卷，相當緊張的跑進教室，上氣不接下氣地對我說：「抱歉，我遲到了，這是考試卷及答案卷，麻煩你發左邊的三排。」

當時因為時間緊迫，我沒有提醒他跟我講解；我看著考試卷，發現上方都有編號，所以我就根據編號分發考試卷；發完考試卷後，就是答案卷，這時，問題出現了，答案卷上沒有編號，我正要開口問的時候，主監考員就對我說：「快點快點，沒時間了。」

因為時間緊迫，所以我就用了自己從前考試的「常識」，認為答案卷是空白的，沒有編號是因為學生需要自己寫上編號。

當我發完後，八時五十分的鐘聲也在這個時候響起，主監考員就開門讓考生進來放各項隨身物品。

考試開始前五分鐘，各考生都已坐在安排的位置上，不能開啟考試卷，但需要確定編號，這時左邊第二排的考生舉手說：「這答案卷的編號不是屬於我的。」

主監考員跟我都瞪大眼睛，一同過去查看，這時我才了解，原來答案卷的背後下方角落是有編號的。

主監考員相當緊張，他的臉色突然轉為明顯的深紅色，並大聲而充滿怒氣的對我吼說：「為什麼會發錯，難道你沒有檢查編號嗎？」

我心平氣和的回說：「沒有注意到答案卷背後的編號，所以我用了 U 型的順序發答案卷。」

他仍帶著漲紅的臉說：「全部都應該要由前向後發。」

我想了一想後說：「那麼應該只有第二排的答案卷不對，我有系所的印章，再用手改進行更正，你認為可行嗎？」

他這時漲紅的臉漸漸退色回復正常，回答「可以」，但狀況瞬間出現了，我開始感受到身體不妥；我的視線開始模糊，一點一點的星星開始出現阻礙我看到的影像，我有吃早餐，所以我以為是缺水，於是我跟主

監考員說：「抱歉，我需要出去喝水。」

　　我站的位置與教室的出口只有兩步距離，視線越來越模糊，嘗試離開教室的我，在踏出教室門檻半步的位置時，「砰！」的一聲，產生二樓也感受到的震動，我的頭直接撞地就暈倒了。

　　急救車將我送到醫院後，先為我縫合在眉毛下方眼睛上方骨頭外露嚴重的傷口，然後處理其他外傷，並作了大腦掃描、胸腔掃描與全身的檢查，除了外傷一切都很正常，對於當天有吃早餐的我，醫生相當疑惑；醫生問我在暈倒前是否有什麼特殊的事情或是否處在高壓力的環境，一切的檢查都正常的話，暈倒的原因相當有可能是瞬間的低血糖加低血壓造成。

　　瞬間的低血糖加低血壓很可能是瞬間被責備而造成。整件事件，從人的方面看：主監考員，先是遲到，再是忘記向我說明我該做的事，責罵了不知情的我讓我暈倒造成臉部不能消失的傷口；而我呢，我該問的沒有問而造成發錯考卷，因為兩句氣話就暈倒讓全場的人尤其是主監考員嚇壞，且讓該考試只有一個監考員，請問，誰對誰錯？這很難判斷，因為這只是不同的觀點。若主監考員的遲到是因為路上的狀況造成，能怪誰？

　　該主監考員跟我是同一辦公室的同事，週一回到崗位上班時，他看到我的頭包裹著紗布，問候我是否安好，我笑著回說：「沒什麼大礙，不用擔心，謝謝。」

其他同事也紛紛過來問候，下午時，主管進來簽公文，看到我的紗布，就誇張的問：「發生什麼事？怎麼傷成這樣？」我本來只是想說不小心暈倒造成的，但這時候，當天的主監考員就站起來向主管簡單說明我暈倒的事，當他陳述完畢後，辦公室全部的人就跑過來說：「哦，原來是你。」

他是一位好同事，我們一向相處融洽，對於我受傷的事，我沒有責怪他的想法，如果他知道我會暈倒，他當時的反應會不一樣，也就是他並不是故意的，那只是意外。受傷事件後，我們還是相處融洽的好同事。

當我們論斷事情時，很多時候會將焦點錯放在論斷人的「對」與「錯」而非事情上，卻誤以為正在判斷事情。當發現答案卷發錯的時候，主監考員第一個反應是找出誰的「錯」，而非專注在找出方法處理已經發生的事情；辦公室同事知道事情經過後，大家先論斷了「錯」的人，而忘了了解我需不需要請假養傷。

任何事情都有解決的方法，論斷事情時若真的將焦點放在事情上，專注在「能做什麼去處理事情」、「能做什麼事去達到目標」、「能做什麼去解決疑難」的時候，會連結理性、接受、信任等能量，這些能量可以讓人產生意想不到創意，幫助解決事情。反過來想，當人在判斷事情時，若散發理性、接受、信任、鼓勵、理解等能量，就是真的在判斷事情而非論斷人。

當論斷事情的焦點誤放在人身上時，專注在分析「對」與「錯」，連結了害怕、羞愧、冷漠等能量，會讓人處於害怕、不安、壓力等狀態，這時大腦的空間將使用在擔憂「應該不是我的錯」、「怎樣才能證明不是我的錯」、「這明顯是他人的錯，希望不要推到我身上」等，而沒有空間產生創意以解決問題。

因此，用情感的能量對焦，就能作出利人利自的判斷。

 職場的論斷

不管是論斷人、論斷事，「我是對的」是前題，「我是對的」也是結論，「我是對的」更是魅力，但它只是大腦程式產生的觀點。

一個身材肥胖的人進入健身中心，預約了一個出名的健身教練想要雕塑身型、建立肌肉及消脂，這人一向沒有運動的習慣，他每天在家裡走動、通勤上班、加上與朋友聚餐，走的步數從來沒有超過一千步。

走進健身中心時，耳朵充斥著跑步機運轉聲、人們運動的呼吸聲、全身流汗正在休息的喝水聲等，各種聲音讓這人隨即產生渴望馬上接受訓練的想法，這時，他看到一個皮膚黝黑、胸肌、腹肌、二頭肌、三頭肌、健碩且誇張明顯、臉帶笑容的人漸漸向他走近，他告訴

自己：「我就是要這樣的身材。」這個走向他的健碩男正是他的教練。

　　教練與這人進行各項測試，了解他的肌肉力量後，教練要開始要求他做更多練習以提昇肌力，第一個項目──跑步。這人原本在跑步機上能跑五分鐘，教練要訓練他多跑五分鐘；訓練開始後，這人跑到第六分鐘時就跟教練說他不行了。

　　請問一位幫助過數千人塑身的教練，對著這位跑了六分鐘就想放棄的人，會選擇說下列那一段的話語作回應：

　　A. 怎麼這麼差勁？才多一分鐘就不行？你知道我這身肌肉是怎麼練回來的嗎？我每天跑二小時，你才跑十分鐘，這不算什麼好不好！不要說不行，繼續跑、不要停！你看你這胖到讓人受不了的體型，就知道你要多跑！

　　B. 你行的！你一定行的！你跟我及任何人都沒有差別，我可以、別人可以、你也一定可以，注意你的呼吸，專注在你的呼吸上，你看，你再多跑了一分鐘了，還差三分鐘而已，這三分鐘絕對是你的能力範圍！你的能力遠遠超過你的想像！你是很棒的人！對！就是這樣！繼續！

　　以上的語句，教練會選擇的是 B 項來進行訓練。

為什麼選項 A 不是一個成功的教練選擇的話語？

　　選項 A 是很多人口中說的「反向鼓勵」，被認為是鼓勵的一種，為什麼不被選用？選項 A 其實是說了「事實」，不是嗎？十分鐘跟二小時的確不能比，這人的體型的確需要多跑步，但這些「事實」的話語卻不被選用。

　　因為大腦讓身體產生動力有大腦規則。佔 10% 或以下的意識，聽到選項 A 的話語，可能能夠理解反向鼓勵並創意地想：「我不是差勁的人，教練能跑二小時，十分鐘其實不多，我不喜歡自己胖，我不喜歡別人說我胖，好，我要持續。」但佔 90% 或以上的潛意識，聽到選項 A 的話語時，會去找大腦資料庫的資源，說：「對，老師父母同學都曾說我是差勁的人；對，我一向都比別人差，別人能跑二小時，我只能跑兩分鐘；對，我就是胖，胖才是我；好，停止不要再跑了，我要做回原本又差勁又胖的我。」A 選項讓意識與潛意識產生抗爭，當強大的潛意識壓過意識後，這人就會在這次訓練停下來，而且，下一次會有各種藉口幫助他無法到健身房運動。

　　為什麼選項 B 是一個成功的教練選擇的話語？

　　選項 B 與消脂的目標一致，因此意識不需要花力氣去理解反向的話，當聽到選項 B 的話時，潛意識會去找大腦資料庫的資源，說：「對，我行的，小時候走

路跌倒時，媽媽也說我行的，當我站起來時，媽媽曾說我是很棒的人；對，呼吸很重要，以前體育老師曾說呼吸是運動員的秘密，所以我要注意呼吸；對，很聰明的表哥曾說他做到的我也可以，所以別人可以做到的我也可以；對，三分鐘是可以做到的；好，我太棒了，這是事實，所以要繼續跑，不斷努力是我的個性。」B 選項的話語會讓這人完成這次的練習以外，也會讓這人有成就感而產生下一項挑戰的動力。

　　然而，在職場上，是否經常經歷及聽到類似選項 A 的反向鼓勵？這些表面的「鼓勵」，實質連結了羞恥、侮辱、害怕、冷漠等能量，這些能量吸引相對應的結果，例如工作環境緊張、工作壓力大、上下級關係隔閡巨大、員工士氣低落、員工缺乏創意思維、機械式工作、上下級互相抱怨、上班期待下班等。

　　職場中面對績效、限期、成果等壓力，或者對於成果不滿意時，容易以自己建立的大腦程式，如價值觀、信念、習慣等看待事情，此時將看見無數與自身大腦程式不一致的事情，並論斷為「錯」的做法，從而以脾氣、負面責備、羞辱別人、背後中傷等言語或行為進行反應。這些反應行為，是壓力引致專注力收縮於自我的觀點，認為只有當所有人與自己一樣的大腦程式做同樣「對」的事時，目標才能達成。

　　以一個為期十天工作項目為例，讓三個組別的主

管分別領導自己組別完成，結果只有其中兩組能按照時間及要求達到目標，另外一組則於第十二天才完成。

　　第一個成功的組別，主管用了兩天的時間與整個團隊開會，根據各人的優點，共同構想出各人的行動計畫，於第九天時，彙集各成果，結果成功達標且各人更加了解團隊每個人的優點。

　　另外一個成功的組別，主管用了一天的時間，自己決定及分配各人要完成的部分，分配任務後，計畫第八天進行檢驗及修正，但在第四天時主管發現其中一個成員遠遠落後，因為這成員大部分工作時間處理私人事情，所以主管馬上將這人撤職，將各人的工作稍作調整，結果在第九天才進行檢驗及修正，但最終能達到目標且大家建立融洽關係。

　　沒有按時間達標的第三個組別，主管用了一天的時間，自己決定各項分工的任務，計畫在第八天作彙整，但第三天時主管發現各下屬皆沒有根據他的做法做事，產生很多「錯誤」，於是團隊每個人用了六天的時間，努力嘗試學習成為這主管的複製人，希望能做「對」的事達到主管要求「完美」的結果，可是，短短數天無法讓任何一個人成為能力複製人，因此，主管最後決定自己一個人完成剩下的工作，以避免各種「錯」的事並冀望做出完美的成果，最後，經主管一個人日以繼夜工作努力下，任務在第十二天完成。

諺語「條條大道通羅馬」，各項目標就像羅馬一樣，各人雖以不同的方式，但有能力抵達。職場中很多時看到「錯」的方式，很可能只是選擇道路的差異，不是絕對的「錯」，因為每個人都是獨特的。

以身心語言程式學的表象系統為例，人類以五種感官接收資訊，日常生活中最經常協助判斷事物的感官為視覺、聽覺及觸覺三種。不同的人因為成長的環境不同，平常優先選用的感官皆有所差異，由潛意識優先選用的感官就稱為表象系統。

第一種，視覺優勢表象系統的人，會以聽覺及身體感受作為協助，作資訊確認；這類人一般來說比較有行動力，也經常以圖像在大腦中產生影像理解事物，或以圖像建構邏輯，為捕捉這些快速影像訊息或邏輯，他們通常都是溝通及說話快速且沒有耐性的人；以圖片、表格、統計圖向視覺優勢的人傳達訊息，效果會遠遠優勝於單純說話。

第二種，聽覺優勢表象系統的人，會以視覺及身體感受作為協助，他們對聲音靈敏，如果在一個雜音多的環境工作，將大大降低工作效能；他們多數愛說話，以說話建構邏輯及理解事物，若打斷他們的說話，相等於打斷他們的邏輯，這時會容易激怒他們；他們相當適合與人溝通的工作，例如客戶關係；單純以說話傳達訊息或告知他們要做什麼，比起圖像來得有效。

第三種，身體感受優勢表象系統的人，會以視覺及聽覺作為協助，他們將各項訊息通過感受去理解，因此很多時可以看到事情不一樣的觀點，及看到公司與環境的好壞；以感受去理解資訊的這類人，速度會相對慢，故經常被誤認為反應慢；他們相當有耐性去聆聽別人，但容易產生大的情緒波動。

　　職場環境中，由各種不同表象系統的人組成，若各人以自己的世界看人及事時，皆能挑出「不好」、「不對」的事，例如視覺優勢的人會認為身體感受的人速度慢反應慢、聽覺優勢的人會認為視覺優勢的人做事不三思脾氣差、身體感受的人會認為聽覺優勢的人話太多不做事等。

　　論斷是觀點，若能超越負面論斷的觀點，在職場中挑出各人的優點，作出各項針對目標及願景的判斷連結各項信任、尊重、接受、理智、鼓勵等能量，將能開通更多抵達目標的方式及道路。

💡 看清障礙

　　論斷之所以是成功的障礙，因為它附帶了看不見的能量，這些能量由根深柢固的大腦程式產生；這些能量被「對」的面紗所包圍，但卻無法掩蓋，也不是表面的笑容或正面的用語能阻擋的力量。

父親是一個笑容滿臉的慈父，受父親疼愛的我，從小就學習了他喜歡笑的個性。高中讀書時期，我每天都走路上學，一位乘坐交通工具上學的同學有一天對我說：「倩文，我幾乎每天都看見你走路上學，而每次你都在笑，為什麼上學可這麼開心？」人生不同的階段都從不同人身上得到「喜歡笑」及「樂觀的人」等評語，而我也認同自己是樂觀的人。

樂觀的我，每一刻的笑容都是真心發出，但是並不足以改變人生。

十多年前，閱讀朗達・拜恩（Rhonda Byrne）擇寫的《秘密》並成為她忠實讀者的我，學習了吸引力法則後，發現自己正面的能量不足夠，例如，我收到各類帳單時，沒有感恩及開心愉快的心情；於是我結合過去學習的人生哲理及吸引力法則，要求及訓練自己每一天一半以上的時間運用正面及愛的方式思考，吸引更多美好的事物。

經常應用及自我提醒的概念有：

🔍 一生的果效由心發出；

🔍 感恩是由負面轉為正面的方式，所以不停感恩；

🔍 偉大的愛恩斯坦一天感恩一百次；

🔍 感恩正處於已達成願望的狀態，不是渴望狀態；

🔎 專注於你想要的，而不是你不想要的；

🔎 你正在尋求的任何事物正在尋求你。

十年後回顧人生，發現人生中出現美好的事物的確眾多，但是距離我設定的財富及事業成功仍然有相當大的距離。在不斷尋求答案的過程，終於明白到：

任何意識層面的正面思維，若沒有與潛意識信念一致時，正面思維的吸引效力非常低，甚至會被摒除。

也就是，我的意識與潛意識沒有一致時，正面及樂觀的想法對於改變人生、創造成功不管用。於是我開始注意及捕捉自己潛意識的想法。有一次，朋友開了一間眼鏡店，參加開店慶賀聚餐時，替他高興的眼淚在我臉上流了出來；但在用餐的過程，發現自己有深層隱藏的想法：「店開在這區，會有生意嗎？現在眼鏡店這麼多，能生存嗎？眼鏡的利潤雖高，但店租及員工也不便宜；萬一投資在這店的資本賠光，值得嗎？」這些看似是理性判斷的想法，實際上是連接了害怕、懷疑等能量的大腦程式。

我臉上是無比的喜悅、意識是充滿祝福的恭賀，但潛意識卻是懷疑及害怕。

想法是我的，能量也是我的，當我潛意識有以上懷疑的想法時，不會影響到朋友的生意，因為只有他的信念及能量能為他吸引或阻擋財富及成就，我的想法卻

是實實在在的影響著我的人生。

這些懷疑的想法是程式，反映出對於做生意，我連接了害怕失敗、害怕資源缺乏、害怕不確定將來等能量，這些深層的程式連帶的能量會產生兩種人生結果，一種是我不會有勇氣開展自己個人的事業，另一種是我雖鼓起勇氣開展事業，但是因為生意不好、資源缺乏所以沒有成功。

當我捕捉這些表面是理性及「對」，但附帶負面能量的想法時，我開始改變它們，而我的人生也開始不再重複重複再重複舊有的模式。

而我也接觸了很多經由改變潛意識的方式，從貧窮到富有、從一事無成到成功、從疾病到健康的優秀人士。

因此，不要停留在意識的正面思維，而是讓潛意識也具有與意識一致的正面思維，才能產出意識希望的結果。

人生是思想的能量遊戲，給予什麼產出什麼；若產出成功的能量是信任、勇氣、激勵，那麼依附著論斷對與錯的羞恥、侮辱、害怕、冷漠等能量皆與成功相對抗，創造了無形的成功障礙；辨認這些以「對」為面紗的障礙再超越它們，便能創造無限可能及幸福人生。

✚ 摘要

📢 思想是唯一可以從無形物質中產生有形財富的力量。

📢 人生可以簡單地看成是時間與空間的能量交換遊戲，給予什麼，經過時間及空間，接收回什麼。

📢 思想的能量能創造成功、能創造平凡、也能創造各項結果。

📢 論斷本身沒有絕對的對與錯，論斷事件、論斷他人、論斷自己都只是不同大腦程式產生不同的觀點，然而，需要注意的是論斷的能量，因為能量決定了接收及吸引的事物。

📢 不同的論斷帶著不同的能量，不一定所有的論斷都帶著羞恥或侮辱等負面能量。

📢 當我們論斷事情時，很多時候會將焦點錯放在論斷人身上，而非事情上，卻誤以為正在判斷事情。

📢 論斷事情時若真的將焦點放在事情上，專注在「能做什麼去處理事情」、「能做什麼事去達到目標」、

「能做什麼去解決疑難」的時候，會連結理性、接受、信任等能量，這些能量可以讓人產生意想不到的創意，幫助解決事情。

📢 不管是論斷人、論斷事，「對」是前題，「對」也是結論，「對」更是魅力，但它只是程式產生的觀點。

📢 反向鼓勵表面上是「鼓勵」，實質連結了羞恥、侮辱、害怕、冷漠等能量，這些能量將吸引相對應的負面結果。

📢 諺語「條條大道通羅馬」，各項目標就像羅馬一樣，各人雖以不同的方式，但有能力抵達。

📢 任何意識層面的正面思維，若沒有與潛意識信念一致時，正面思維的吸引效力非常低，甚至會被摒除。因此，不要停留在意識的正面思維，而是讓潛意識也具有與意識一致的正面思維，才能產出意識希望的結果。

📢 若產出成功的能量是信任、勇氣、激勵，那麼依附著論斷對與錯的羞恥、侮辱、害怕、冷漠等能量皆與成功相對抗，創造了無形的成功障礙。

對與錯只是價值觀創造的假象，

超越固有的價值觀，就能超越對與錯。

本章將帶領大家了解自己是想法的主人，

也是人生各項結果的主宰。

超越對與錯

第五章
Chapter 5

「我們思考的過程創造我們的世界，不改變我們的想法就無法改變世界。」

著名物理學家 阿爾伯特・愛因斯坦（Albert Einstein）

創意無限房

滴嗒滴嗒，滴嗒滴嗒，在法國帶回來的復古桌鐘在書桌上運轉著，並顯示現在是晚上十一時；粟王呆看著時鐘，秒針滴嗒滴嗒的聲音帶他回到在法國與小羽共進晚餐時的場境。

粟王穿著紫色系的休閒服，讓人感覺親切及穩重，小羽穿了白色的休閒裙配橘色腰帶，清新可人；小提琴演奏會結束後，兩人進入一間高雅的露天餐廳共進晚餐。

點餐後，粟王開口說：「謝謝你讓我體驗盛大的時裝競賽，也帶我欣賞了優秀的小提琴演出；來吧，舉杯，期待我們兩國的合作震撼蔬果世界。」小羽回以微

笑並一同舉杯。

粟王說：「小羽，如果在粟國建立你的設計分校，及設計品銷售中心，你認為可行嗎？」

小羽認真回答說：「這是非常好的想法，我覺得可行。這次跟我一起來法國的任何一個團隊成員，都是有能力帶領一間學校的人才。」

看到粟王認同的表情後，小羽繼續說：「若在粟國設立設計品銷售中心，除了蔬果世界外，我的目標是跨世界國家的客戶，如貓虎世界、花草世界、人類世界等；粟國的地理位置優越，是鳳梨國不能比的地方，藉著這優勢，推廣各項設計產品將會無往不利！」

粟王相當高興的笑了起來，並說：「小羽，這正是我的想法，你跟蟻蜂國二皇子一樣，都能說出我心裡想的事情，來吧，為了日後的合作乾杯！」小羽舉起酒杯與粟王一同乾杯。

粟王轉為溫柔認真的語氣說：「小羽，我希望你不要介意，我想老實跟你說，第一次見到你的時候，你穿那條黃綠色裙子給我的感覺是沒有品味，我雖然很喜歡那條裙子的材質，但就是不喜歡黃綠色，所以，我曾以為我們不會有合作的機會。」

小羽回想起第一次見粟王時他瞬間皺眉的表情，原來是因為不喜歡黃綠色的搭配。小羽微笑回應說：「是什麼讓你改變主意在晚宴舞會來找我？」

　　粟王相當認真地說：「我的兄弟蟻蜂國二皇子，是他讓我知道你的出眾及優秀，我才醒悟過來；你知道嗎，昨天的競賽，你為我設計的黃色晚裝，我太喜歡了，甚至有熟識的感覺。」

　　小羽風趣地笑說：「那我真的要感謝二皇子，他除了讓我們兩國有合作機會外，也讓我多了一個國王級的模特兒。」粟王隨即大笑了起來。

　　餐點逐一擺上，兩人開始享用人類世界的美食。過程中，小羽開口問：「粟王，其實在參觀你的城堡時，我有一個疑問，曾聽說粟國的城堡是千間大房的堡壘，但參觀時卻只看到十來間，可以問為什麼嗎？」

　　粟王帶著惆悵的表情回說：「這問題數年前也有人問過，但據我所知，我的城堡只有二十間房，雖然城堡外觀雄壯，但裡面的確只有二十間房，我曾問管家，但他卻說我是城堡的主人，我知道的就是答案，所以千間大房只是謠傳。」

　　小羽頓時停止切餐盤上的牛排，腦海閃過城堡牆壁無數門痕的畫面，認真的對粟王說：「之所以問你房間數的問題，是因為在參觀城堡時，我看到很多門的痕

跡，雖然非常細微，但我確定那些痕跡跟你其他房間的門具有一樣的門軌，所以我曾猜想，你把房間封閉起來。」

粟王疑惑的說：「你的意思是，城堡的確有很多的房間，只是全都隱蔽起來？」小羽點頭，表示這正是她的想法。

粟王帶著猶豫繼續說：「小羽，那是我從小長大的城堡，從有記憶以來，都只有二十間房，我不認為有其他的房間，但是，你看到的門痕，我從來沒有看過，那倒是讓我很好奇。」

小羽放下手上的餐具，認真建議說：「這樣好不好，我一個月後到粟國看設計學院建立的地點及跟你商討學院的初步規劃，到時候，我再告訴你門痕的位置。」

滴嗒滴嗒，滴嗒滴嗒，粟王坐在自己的書桌前回過神來，心裡期待著明天，因為一個月已過去了，小羽明天會再次來到粟國，他們除了商討設計學院的事外，小羽也會帶他看城堡的門痕。事實上，結束法國及蘋果國的行程，回到城堡後的每一天，他都嘗試找出小羽說的門痕，但什麼都看不到。

由書房移步到睡房的粟王，笑容一直掛在面上，因為跟小羽相處的時間經常驚喜不斷，他相信這次也不例外。

滴嗒滴嗒，滴嗒滴嗒，現在是上午十一時，陽光從四米高的落地玻璃窗射進，粟王在書桌前認真看著設計學院的規劃草案，一身粉色衣裙的小羽則是透過玻璃窗欣賞窗外美麗的花園景象。

　　啪的一聲，粟王合上厚厚的草案並說：「太好了，這多元化的理念比我想法中還要好，太棒了，如果給二皇子看，他應該跟我一樣，讚嘆非常！」

　　小羽展露自信的笑容，因為那是她兩年前就開始寫的計畫書，她回說：「謝謝！我們現在去看設計學院建設的場地嗎？」

　　粟王回說：「明天，我們明天會去看。」粟王停頓一下，以嚴肅認真的語氣說：「小羽，你還記得你答應帶我去看城堡的門痕這件事嗎？」

　　小羽語氣肯定地回說：「當然記得。」

　　粟王高舉左手，帶點頑皮高興的揚聲說：「太好了，那午餐後我們來進行城堡探索的遊戲！」小羽看著粟王孩子氣的表情，忍不住掩口匿笑。

　　午餐後，他們倆人開始城堡之旅；但經歷三小時後，原本興奮的粟王，漸漸感到疲倦，他們經過一層又一層，小羽在牆壁上指了九十八處門框痕跡，粟王卻看不到任何痕跡；他們曾嘗試對著門痕敲打、唸佛咒、說

芝麻開門等,都找不到玄機。

粟王正要停止這遊戲時,小羽看到第九十九處門框痕跡,在門痕的高處,有一小片綠色布料卡在門痕邊緣的牆壁上,這時,粟王由倦容轉為笑容說:「哈哈哈!看來遊戲要開始了。」

兩人用盡各種方式企圖拔出這布料,但拔不出來。小羽說:「粟王,我在想,這些門痕大小其實跟你的騎術房或箭術房的門相當一致,所以,假設這是一道門,你用開騎術房的方式打開它,你認為如何?」

粟王帶點無奈地說:「騎術房有門把,但這牆壁沒有,要怎樣開?」

小羽隨即在口袋取出一條絲巾並說:「我們試試用想像的方式。」

小羽用手勢示意並說:「現在請你蹲下來一下。」粟王雖然有點懷疑,但仍乖乖聽話,蹲下身讓小羽用絲巾蓋起他的雙眼並打結。

綁上絲巾並站起來後,粟王的頭、雙手、雙腳都做放鬆搖擺的熱身動作,然後向小羽示意他準備好。

小羽對著蓋起雙眼的粟王說:「深呼吸,再深呼吸,想像一下,你站在騎術房的門外,正要準備打開房門,現在手開始舉起來,漸漸接近門把,對,握住門把,壓

下去！」

　　當小羽說出「壓下去」的瞬間，眼前的景象讓小羽難以致信，原本的牆壁瞬間變成了一扇門，也看到粟王的手握住了實實在在的門把；當粟王手心因為接觸金屬產生微涼的觸感，且臉感覺到微微的氣流時，他迅速撥下蓋住雙眼的絲巾，看到呈現在眼前的門，讓他目眩神迷、驚訝非常。

　　兩人互看著對方，說不出話來；於是粟王把門推開，映入兩人雙眼的是黃綠色為主題、連接大自然的偌大房間。

　　看到黃綠色組合的設計，小羽興奮的心情躍起，正要開口說話的瞬間，她感受到一隻強壯且微微顫抖的手用力握住了她的手，雙手的接觸傳達了難以言喻的情感，於是小羽靜靜的站著。

　　粟王看到房間的瞬間，腦海裡出現五歲時洋蔥國王子探訪城堡的情境；洋蔥國王子鄙視的語氣、黃綠色代表低品味的話語、沒有音樂天份的批評等一一重現在思緒裡，隨著畫面的呈現，眼淚不能控制地湧出，漸漸讓視線變得模糊。

　　約十分鐘後，直立不動的粟王，眼淚終於停住，視線漸漸變得清晰，並慢慢以清柔的語氣說：「小羽，為你介紹，這是我的創意無限房。」

小羽柔聲回說：「我喜歡這房間的名字。」

這時，粟王腦海出現了與小羽互動的各種情境，由討厭小羽的品味、與她共舞、參加時裝競賽、不再討厭黃色與綠色、不再誤解男小提琴家是娘娘腔、與她一起打開創意無限房等每一個畫面每一種細節都歷歷在目，他不經意地再次握緊小羽的手，慢慢柔聲地說：「小羽，你願意當粟國的皇后嗎？」

這時，粟王感受到小羽的小手微微顫抖。

小羽感動的眼淚不經意的落下，並想起在粟國建國宴與粟王共舞的場景，當時她就知道自己愛上了這位英俊聰明且具夢想的國王，法國相處的經歷，更是讓她確定自己的情感，無法止住眼淚的她，輕聲回說：「願意。」

粟王認真的表情轉為喜悅幸福的笑容，並握著小羽的手一同走進黃綠色的創意無限房。

故事驛站

📌 每個人的能力都像城堡的房間一樣，有數不盡的潛能，雖然曾經因人關閉，但亦能因人打開。

📌 自己是自己內心世界的主人，每道心門，只有自己能打開。粟王曾因被鄙視而受傷、並懷疑自己的能力，當他因為信任而願意接受黃綠色不是低品味的概念時，封閉受傷的心靈之門才能打開，釋放過去的情感、並開啟潛能的大門。

📌 人們常說「過去的讓它過去」，然而，這是意識的話，潛意識沒有認同的情況下，過去不會只是過去，而是不斷影響現在。

知識庫

突破第一站——選擇

一切都是想法，大腦程式產出的觀點是想法，論斷是想法，行動是想法，言語是想法，而想法是可以控制及進行改變的。

引導行動的想法不單單是意識的想法，更重要的是潛意識的想法，因此，超越對與錯、吸引成功、夢想成真的前題是控制及改變潛意識的想法。

一個接受催眠治療有犯罪案底的個案，小時候經常被酗酒的父親虐打，母親在他很小的時候就已離開了這家庭，拋棄他跟他姐姐；這個案在學校的生活，一開始經常被欺負，直到他學習了一種眼神，一種告知別人「我會殺了你」的眼神，這眼神成功的讓別人害怕他，讓他被欺負的頻率大大降低，甚至在家裡父親看到他這眼神及表情時，會停止虐打他。

這眼神讓他上癮，也不知不覺成了他的武器，然而這眼神漸漸演變成為傷害他人的行動，以達到讓別人懼怕的目的。第一次因傷害他人被判入獄九年，出獄後希望洗心革面，但沒多久後再次因為嚴重傷人入獄，重複進出監獄第三次時，他姐姐安排他接受催眠治療。

這個案重複著傷人的行為→入獄→悔過的循環，他表示他之所以傷人，是別人迫他，他沒有選擇，如果沒有遇上迫他的人，他不會傷人，他真心悔過，亦不想入獄。

　　對於他的說法，或許有小部分人會予以同情，認為他被迫傷人，但大部分的旁觀者會認為他說的只是藉口，他的話不合情不合理，更是「不對」，因為他有選擇，他可以選擇不傷人、可以選擇忽略別人對他鄙視、可以選擇逃開，但他選擇傷害他人。

　　對這個案來說，他不是辯解，他當下真的認為自己沒有選擇；當他處於緊張的狀態，潛意識判斷他需要保護脆弱及憤怒的情感，於是產生「你沒有選擇」、「你是對的」、「必須讓鄙視你的人知道你具有殺他的能力」等想法，傷害他人的行動就會隨之產生；直到潛意識的情感被安撫，意識的悔悟及理智才有一席之地，然而，也太晚了。

　　當這個個案漸漸了解大腦的運作模式，學習控制潛意識想法後，他就學會了如何不被別人觸發憤恨，從而控制了各種行為。

　　辨認想法是控制想法的第一步。

　　「沒有選擇」是一個想法訊號，也是第三章中講述的誤導指示語之一，這是潛意識表達它要運作的綠燈，辨認它再控制它，行動就能改變。

　　酗酒的人說：「我沒有選擇，只有酒精能讓我放鬆。」

　　整天抱怨工作的人說：「為了生活，我沒有選擇，我只能忍我老闆。」

愛發脾氣的人說：「除了罵人，我沒有選擇。」

虐妻的人說：「我沒有選擇，我只能打她。」

搶劫的人說：「為了生存，我沒有選擇，我只能搶劫。」

體重過重的人說：「巧克力是我最好的朋友，我沒有其他選擇。」

體罰學生的老師說：「我沒有選擇，這是唯一教出乖學生的方式。」

「沒有選擇」不是事實，只是程式要運作的訊號，認得這訊號，再告訴自己：「我有選擇，任何的情況我都有選擇。」

有時候的確有比較好的選擇，例如當我學習心肺復甦術時，教練曾說：「呼吸代表生命，在進行急救時，救回心跳及呼吸是第一要務，即便按壓胸腔時聽到肋骨一根一根斷裂的聲音，仍然選擇繼續用力壓，救回呼吸，肋骨才有用。」這些情況有相對好的選擇，但不代表沒有其他選擇。

選擇一直都在，愛與恨、信任與懷疑、笑容與憤怒、關懷與冷漠、粗言穢語與積極鼓勵、成功與失敗、非凡與平凡等皆是想法的選擇。

論斷對與錯是各種選擇的其中一種，它會遮蓋其他選項，選項被遮蓋時會聽到「應該」這詞，例如應該

要這樣做才不會出錯、應該要那樣做才不會被恥笑等，這些「應該」的做法只是其中一種選項；若能突破論斷產生的狹窄觀點，更多的選項會呈現，這時會聽到「可以」而不是「應該」這詞。

　　世界知名的心理治療師維琴尼亞‧薩提爾（Virginia Satir），曾經做了一項有趣的研究，她發現根據不同的人、使用不同的工具，可以有二百五十種不同的方式洗碗，可能有更多其他的方式，只是未被發現；單單洗碗而已，就有這麼多方式，生活各種事情就像洗碗一樣，有各種不同的方式及選項去達成；論斷對與錯時，會將各種方式收窄為只有一種。

　　遇到別人或自己內心程式企圖遮蔽選擇權時，代表過去潛意識的負面信念要運作，這時謹記自己擁有的選擇權及掌控想法的權力，把該想法扭轉，告訴自己：「一切都只是想法，我有選擇！」

💡 突破第二站──餵食

　　如果你生活的層面讓你充滿幸福感，例如事業、財富、健康、愛情、生活品質、興趣等層面讓你相當滿足，那代表潛意識運作的程式與意識一致；同理，若有不滿足的情況，代表潛意識與意識並不一致。

不一致時，可以注意自己餵的是什麼。

有一次我老公遇到讓他非常沮喪的事情，低落的情緒持續了一個小時，為了幫他脫離那情緒，我問他以下這個問題：

「猜一猜，有兩隻體格一樣且同樣強壯的狼，一隻全身白色，具無限愛心、喜樂滿滿、笑容燦爛及和平真摯，另一隻全身黑色，具無限憤怒、膽戰心驚、鄙視同類及面目可憎，請問這兩隻狼打架時，誰會贏？」

他不耐煩地回說：「我知道答案是過度樂觀的白色狼會贏，我也知道你要我開心起來做白色那隻狼；我也想做白色的狼，但是那些人不可理喻、自私自利、不顧別人，我實在沒辦法用笑容對著他們。」

我解釋說：「不是，這兩隻狼打架時，會贏的不是白色那隻，會贏的是你餵的那隻。」

英文有三句諺語都跟「餵食」有關係：

1. 你吃什麼，你就會成為什麼 (You're what you eat)。

2. 你想什麼，你就會成為什麼 (You're what you think)。

3. 你讀什麼，你就會成為什麼 (You're what you read)。

三句其實指的都是給予什麼，產出什麼的概念。然而，我們很多時候只注意到身體或視覺層面給予的東

西，而忽略心靈層面給予的東西，例如瘦身時會注意餵進身體食物的熱量及營養，但卻沒有注意餵進心靈的是厭惡感及自卑感；照顧小孩時會注意給予的食物是不是營養均衡讓他快高長大，但小孩讓你不耐煩時餵的卻是憤怒的責罵及冷漠的回應。

將上述三句諺言結合後，可以改為：「你餵什麼，你就會成為什麼。」

除了身體與心靈的餵食一致外，也要進一步注意意識與潛意識的餵食是否一致，若不一致，結果也會不一致。

例如當同事升遷時，餵意識的是祝福，餵潛意識的是否一致？還是餵了嫉妒？

當遇到商業競爭對手時，餵意識的是欣賞，餵潛意識的是否一致？還是餵了鄙視？

當買樂透彩券時，餵意識的是希望，餵潛意識的是否一致？還是餵了懷疑？

當遇到偶像時，餵意識的是佩服，餵潛意識的是否一致？還是餵了自卑？

當過年收到紅包及禮物時，餵意識的是感謝，餵潛意識的是否一致？還是餵了不滿足？

當旁邊有一台法拉利跑車超車時，餵意識的是帥氣，餵潛意識的是否一致？還是餵了鄙視？

　　如果想要改變人生各層面的結果，可多注意「餵食」的情感及想法，控制餵食，就能控制結果，因為餵進什麼，就會成為什麼。

 # 突破第三站——尊重

　　理解別人、換位思考、或踏進別人的世界皆是美德，除了能減少負面論斷，也可以擴大心靈視野，然而，卻是一件容易說不易做的事，除非有相當類似的生活經驗，不然，即便努力站在別人的角度、帶著同情心也只能部分換位置思考或在意識層面上理解別人，因為每個人都具有獨特的大腦連結，而這些連結不是理性思考可以取代的。

　　烹飪是我老公近年迷上的一項興趣，有一次他烹煮港式及台式兩種雞爪，相當成功且美味非常，於是，他拿去給二十多位美國的朋友品嚐，希望他們能吃到道地的中式食物，而不是美國式的中式食物。大家原本帶著期待的心情，因為老公煮的餐點，每次都能給眾人驚喜，然而，當大家看到是雞爪時，幾乎都卻步，沒有勇氣嘗試，只有三個人在我們倆人努力遊說的情況下吃了四分之一隻雞爪，他們都稱讚味道很棒，但不是他們會

選的食物，其中兩個人吃完後更走到廚房漱口。看著他們漱口時，我目瞪口呆，因為雞爪是我最愛的港點之一，然而，他們的大腦程式卻把美味的雞爪連結骯髒。

在台北台灣大學附近有一間很有名的越南餐廳，多年前第一次進該餐廳沒有頭緒要點什麼時，侍應推薦鴨仔蛋，它是一道水煮將近孵化成型但尚未完全孵化的鴨蛋料理，也就是，將蛋殼敲開之後，可以看見嬰兒小鴨蜷縮其中的料理，當時看到旁邊桌在吃的情境，讓我產生想吐的感覺，而當然沒有點鴨仔蛋那道菜；在美國的越南餐廳，也有該料理，即便是朋友推薦該料理，我也無法放進口裡，因為我的大腦程式連結的是殘忍，而越南或菲律賓人連結的是滋補。

不管是吃雞爪或鴨仔蛋，要踏進別人的世界理解其他人全部的感受並不是一件事容易的事，生活上很多事情其實也是同樣道理，這時候，尊重就是一種很好的方式。

想像一下，一個個案打電話給我，想要嘗試催眠治療，詢問他的目標及目的時，他說：「我不知道我要如何停止鞭打我的小孩，有時候他哭到鄰居來敲門，讓我感到壓力我才會停，有時候他流血流到家裡很髒，讓我感到麻煩我才會停，最近社工來我家評估是否讓小孩跟著我，所以我想要學習停止鞭打他，但每次回家，我都做不到。」

這樣的情況讓人很難想像，這樣的人也讓人難以理解，更不想踏進他的世界，若選擇論斷他的殘酷行為、告訴他有多錯、對他訓話、用話語鄙視他，他會選擇躲避改變，小孩會繼續被他虐打，儘管社工救出小孩，這人的潛意識仍會尋找其他的人事物代替他的小孩進行發洩；但若選擇尊重他的世界（不是贊同），幫助他重塑潛意識的行為，讓他找到可以改變的方向，事情才能真正的處理。

　　理解不到、看不順眼的事情無數，我們常常會陷入「如果我是他我一定不會出錯」、「如果我是他我一定不會這樣做」等想法及批判，然而，事實上，若與別人經歷相同的童年、被灌輸相同的價值觀、遇到一樣的事情，很大機會會做同樣的事情、說同樣的話。

　　因此，選擇尊重，包括尊重自己，尊重別人，就能突破論斷狹隘的觀點，當要批評及論斷難以理解的人時，可以跟自己說：「如果我是他，我會做同樣的事。」

 突破第四站──責任

　　「責任」一詞讓人有負擔的感覺，很多人慣性地推卸責任及慣性地認為自己是受害者，經常通過論斷、抱怨，將各項不順心的結果推卸給父母、老闆、下屬、朋友、公司、政府、環境、倒霉之神等，可是，放棄責

任的同時也放棄了控制權。

以監獄或感化院的犯罪者為例，他們是經社會、國家等法律判決應接受懲罰的人，美國心理治療師羅賓·葛薩姜（Robin Casarjian）撰寫的《療癒之鄉》（Houses of Healing）一書中指出，根據他多年與囚犯接觸及治療的經驗，發現大多數囚犯的童年都經歷虐待和被忽視，且很多是在貧窮家庭中長大，謀殺犯案的人很多都在兒時經歷性騷擾，青年懲教所的犯罪者很多都在寄養家庭中長大等。

這些情況說明了犯罪的人在情緒上沒有健康地成長，囚犯在建立潛意識的孩童階段，家庭及經濟環境的不健康，被寫入大腦的都是憤恨、傷害、痛苦、冷漠、缺乏等程式，這些程式運作後產生的結果是酗酒、吸毒、施暴、偷竊、謀殺等。

犯罪者的行為受到社會懲治時，他們不能以童年的傷害作為辯證脫罪，他們需要負起行為的責任；若要改變他們的人生，他們需要負起改變舊有程式及治癒傷害的責任；他們可以選擇抱怨父母、責怪傷害他們的人、論斷是別人的錯，然而，人生的控制權也同時交到這些被抱怨的人身上。

為自己遇到所有的事情負上責任，才能看到別人看不到的事物及奪回人生的控制權。

有一個個案，她是追求平凡及安定生活、具平易近人個性、休假時會抽空當義工的人，然而卻在十年轉換了八份工作，每份工作一開始她都相信是長期穩定的工作，但其中五份工作都因無法與上司或同事相處而離職，她沒有跟上司或同事有口角上的大衝突，多次決定離職都因為感到無助，除了她處理的各工作事項都沒有得到欣賞外，每當她需要幫忙時，願意抽空幫她的人寥寥無幾，向上司反應需要協助時，上司指定協助她的人卻跟她合不來，因此離職頻密。

與她接觸的過程，教導她反覆出現相類似人生結果是因為潛意識的信念，一開始她相當不解，也不贊同，其一，她從小的信念是穩定的工作及生活，現實的結果卻與她的信念不一致，其二，她是很願意幫助別人的人，但卻沒有人幫她，這結果也跟她的信念不一致。

催眠治療的過程，她想起國小二年級時，被同學欺凌的畫面，有幾個男同學喜歡踢她的背及小腿，又很愛扯她的頭髮，她曾經向老師反應男同學欺負她，老師當時找來那幾位男同學及她一同對峙，男同學都否認，於是老師只是口頭警告那幾位男同學；於是她回家告訴母親，母親打電話到學校，得知老師已教訓那幾位男同學，因此母親反而責備她：「你為什麼沒有告訴我老師已經懲罰那些男同學？下次要先告訴我。」後來，男同學們雖偶然會扯她的頭髮，但沒有再踢她，不過卻常常集體嘲笑她各項作業及行為。

　　小時候無助的感受湧現，就與她在工作時的無助感一致，才發現她潛意識在小時候產生了「我很無助，沒有人會幫我」的信念；這隱藏的信念吸引了產生該信念的人事物，影響著她多年的職場生涯。

　　這個案一直都以為事情發生在她身上，曾經抱怨公司、老闆、同事或幸運之神不降臨，當她了解各項事情是從內在先產生，是她的信念吸引事情發生時，她選擇負責自己人生各項結果，取回掌控權，並作改變。

　　若能摒棄論斷及抱怨，對生活中遇到所有的人、發生所有的事、居住的環境等各種各樣的情況皆負起責任，除了能減少吸引負面能量外，可以取得人生的控制權。

突破最終站——愛自己

　　我從國中開始就無法認同「懂得愛自己才會懂得愛別人」這觀念，因為我曾經以為「愛自己」等同於以物質犒賞自己、花錢在自己身上。

　　我具有嚴以待己、寬以待人的個性，對自己的要求總是高於對別人的要求，每一年，花在別人身上的錢都會多於花在犒賞自己的錢，因此，以物質觀念理解「愛自己」時，我認為我以生活證明了「愛別人多於愛

自己」的理念，也就是，愛自己可以更愛別人，但愛自己不是愛別人的先決條件。

然而，超越物質觀念進入深層內心世界時，終於理解到，不愛自己真的不會懂得愛別人。

愛與論斷一樣，都是內心程式，程式會先以自己作為基準進行運作，因此，不愛自己不可能真正愛別人，因為愛的程式應用在自己及別人身上；當真正愛自己的時候，愛的能量會為你吸引相對應的事物，所有人生的問題、困難都可以隨之解決，各層面的成功也會隨之而來。

什麼是真正的愛自己？花錢在自己身上，的確是愛自己的一種方式，但它只是其中一小部分愛自己的潛能，其餘相當大的部分是用物質以外的方式愛自己，物質以外指的包括自己的性格、行為、自我對話、外貌、身體各器官與組織等。

若用意識去理解「愛自己」相當簡單，概念離不開接受自己的好與壞、珍惜自己、不論斷自己、相信自己、仁慈地對待自己等，但意識的理解跟潛意識的理解不一定一致。以一個治療個案為例，他曾認為自己非常愛自己，當教導他用鏡子練習法[1] 去愛及不要對自己太

---

[1] 鏡子練習法是一種以自我肯定的話語改變內心自我形象的方法。通過面對鏡子，看到內心深處脆弱的自己，再加以鼓勵，改變自我的價值觀及形象，以達到心靈療癒的目標。

苛刻時，他曾在家中嘗試了五秒，並表示：「我看著鏡子對著自己說『我愛自己』之後，覺得自己本來就很愛自己，所以對我來說沒有做這練習的必要。」於是我再教導他觀察自己的論斷，先從看清不愛自己的部分開始，通過捕捉自己的論斷，他發現自己原來真的不夠愛自己。

以這個個案的外貌為例，他出生時不會論斷眼睛小、鼻子扁、身材矮、屁股大是醜陋，當別人灌輸相關的價值觀給他時，他學習了以言語或心底暗地裡嘲笑並論斷任何一種有相關特徵的人。漸漸長大後，他發現自己具有身材矮、屁股大的特徵，對自己不滿意的情況下，他努力做各項運動健身，令自己不再具有屁股大的特徵，然而身材矮小的事實卻無法改變。他的意識告訴自己：「矮又如何，帥就可以了，很多人都跟我一樣長得不高。」於是他認為自己不再介意自己的身高，在與朋友聚餐閒聊時，他甚至以自己的身高來開玩笑。有一次參加高中校花的婚禮時，看到新郎居然比新娘矮兩公分，眼睛也小，心裡頓想：「不會吧，居然選這麼矮的人，又是小眼睛，就算男方很有錢，也不能接受吧。」

在婚禮上論斷新郎矮的想法反應出這個案沒有接受身材矮的自己，因為論斷是潛意識的程式，以自動重複的機構運作，運作在別人身上，也會運作在自己身上。他鄙視別人矮，代表在他深層的價值觀中，具有鄙視自己矮的信念。

怎樣可以讓潛意識及意識一致愛自己？愛自己是一個自我發現的過程，包括發現自己的信念是否正向，發現自己的用詞是愛自己還是責備自己，發現自己健康是否反映自己愛惜自己的身體，發現自己各項價值觀是否與成功或幸福一致等。

　　凡事都有兩面，有負面才能看到正面，因此可以通過自我論斷或論斷他人去更了解自己，從而一步一步接受自己及愛自己。

　　愛自己的過程有時候會遇到很大的阻礙，例如原諒難以原諒的人。

　　一個有殺人未遂犯罪前科的案例，出獄後因為焦慮及心理壓力所以進行催眠治療。「殺死那個害死我朋友的人」的想法不停纏繞這個案，他總是想著若不殺那個人，他的朋友無法安息，他不認為那人值得原諒，亦不覺得自己能原諒他，但另一方面，他想重新生活，他知道殺了那人，只會讓他永遠在監獄中渡過，那人不值得讓他毀掉剩餘的人生及再次讓自己的父母傷心。

　　這種帶有強烈憤恨的論斷，不易釋懷的原因，是個案認為若他原諒那人，代表那人做的事沒有錯，若他不殺那人，就無法讓其他人知道那人有多可恨；然而，他用所有的專注力選擇了恨，而放棄愛自己的機會。

愛與恨是兩種不能同時出現的情感及能量，大腦對於情感相當專一，愛與恨、高興與傷心、緊張與放鬆等都無法同一時間出現，任何一刻，當個案對那人產生憤恨情感時，他放棄了愛的機會，無形將憤恨帶到自己身上；原諒他人，不代表他們做的事被認同，而是選擇愛自己，選擇讓自己心靈得到自由，不再困於憤恨的對與錯。

愛自己是一個過程，該個案在選擇愛自己過程，開始時仍不斷會出現殺那人的想法，但越懂得愛自己，想法出現的頻率會越低直至不再成為困擾。

如果人生裡有難以原諒的人，可以選擇超越論斷、憐愛及珍惜自己，因為對與錯只是想法，它不能改變任何事，且不值得犧牲愛及吸引正面事物的機會；若生活出現很想批評及責罵的人，同樣可以選擇愛而不是負面的論斷。一切都是想法，不管是潛意識或意識，都是可以被控制，而且唯有自己擁有控制權。

控制想法及信念，就能掌控人生。

✚ 摘要

📢 一切都是想法，大腦程式產出的觀點是想法，論斷是想法，行動是想法，言語是想法，而想法是可以控制及被改變。

📢 選擇一直都在，愛與恨、信任與懷疑、笑容與憤怒、關懷與冷漠、粗言穢語與積極鼓勵、成功與失敗、非凡與平凡等皆是想法的選擇。

📢 論斷對與錯是各種選擇的其中一種，它會遮蓋其他選項，選項被遮蓋時會聽到「應該」這詞。

📢 任何時候謹記自己擁有選擇權，告訴自己：「一切都只是想法，我有選擇！」

📢 你餵什麼，你就會成為什麼；控制餵食，就能控制結果。

📢 無法踏進別人的世界時，就選擇尊重。

📢 選擇尊重，包括尊重自己，尊重別人，就能突破論斷狹隘的觀點，當要批評及論斷難以理解的人時，可以跟自己說：「如果我是他，我會做同樣的事。」

　　📢 若能摒棄論斷及抱怨，對生活中遇到所有的人、發生所有的事、居住的環境等各種各樣的情況皆負起責任，除了能減少吸引負面能量外，可以取得人生的控制權。

　　📢 愛與論斷一樣，都是內心程式，程式會先以自己作為基準進行運作，因此，不愛自己不可能真正愛別人，因為愛的程式應用在自己及別人身上。

　　📢 當真正愛自己的時候，愛的能量會為你吸引相對應的事物，所有人生的問題、困難都可以隨之解決，各層面的成功也會隨之而來。

　　📢 如果人生裡有難以原諒的人，可以選擇超越論斷、憐愛及珍惜自己，因為對與錯只是想法，它不能改變任何事，且不值得犧牲愛及吸引正面事物的機會。

論斷是一種習慣，

習慣反映出信念；

本章將通過建立突破論斷的習慣，

學習改寫潛意識、改寫信念的方式，

創造及掌控人生。

掌控人生的策略

第六章
Chapter 6

「人生的前 30 年，你養成各種習慣；人生的後 30
年，你的習慣造就你。」

美國蘋果公司創辦人 史蒂夫・賈伯斯（Steve Jobs）

遇見真正的城堡

溫暖柔和的陽光包圍著小羽白皙的面龐，眼皮感
受到舒服的熱度，開始輕微的顫動，顫動的眼皮帶領眼
睛漸漸張開，幸福的笑容也同時展露在小羽的臉上。

側臥在她旁邊的粟王柔聲說：「早安！」

小羽帶著笑容的臉轉向粟王回應說：「早安！」

漸漸清醒的小羽接著說：「醒來很久了嗎？為什
麼沒有叫醒我？」

粟王也帶著微笑說：「比你早五分鐘而已，況且

現在才七點，沒有叫醒你的必要。」

　　體貼的回應，小羽心裡滿是感謝的繼續說：「我們今天會去看設計學院及設計品銷售中心的場址，是嗎？」

　　粟王頓時展露孩子般的興奮，由臥姿跳彈為坐姿，燦齒地回說：「小羽，我改變想法了，我想讓粟國發展的任何方面，都先由城堡延伸出去，讓城堡成為粟國的大大大本營！」

　　小羽眉開眼笑地問說：「粟王，可否詳解大大大本營的意思？」

　　粟王大笑後回說：「以服裝設計為例，產品的銷售中心或設計學院設在粟國城堡的創意無限房，穩定發展後再擴張至城堡外；其他各個方面的發展，都應用同樣的方式，根基扎在城堡再往外延伸，你覺得我這個大大大本營的想法怎麼樣？」

　　小羽回以非常贊同的表情，並說：「我覺得你是一個很優秀的國王，而粟國也將會是一個跨世界出名的國家。」

　　粟王再次大笑，並親吻小羽的額頭說：「謝謝你，我也是這樣想！」

　　兩人起床進用早餐的過程中，決議將創意無限房

改裝為設計產品銷售中心，而原本的場址將會興建設計學院，因為銷售中心的人潮相對學院多。

用餐完畢後，兩人在管家的陪同下一同去看場址。

場址除了面積廣大外，地理位置也相當接近花草世界及人類世界，因此，小羽對場址非常滿意，並承諾會盡心規劃學院及銷售中心的每一個細節。

從場址回到城堡的路途中，粟王對小羽說：「小羽，我正在想兩件事情。」小羽回以微笑，示意她正專心聆聽。

粟王繼續說：「第一件是，我打算一個月後到鳳梨國，見你父王並提親，原本很有衝動今天就跟你一起回鳳梨國，但傍晚要接見來自鳥禽世界八丹國的賓客，兩週後蟻蜂國二皇子及蘋果國公主也會來，另外……」

小羽意識到粟王會沒完沒了的說出這一個月的行程，於是小羽打斷粟王並說：「粟王，很期待一個月後在我出生的鳳梨國見你，我會帶你去遊覽鳳梨國每一個與設計相關的名勝，我相信父皇也會非常開心能見到你。」

接著，小羽握起粟王的手，在他的手背上親吻了一下並柔聲說：「謝謝你！那第二件事情是？」

粟王從心裡欣賞這粟國皇后的體貼及包容，語氣

變得無比溫柔接著說：「第二件事情是，等你下次來粟國或者你開始住在粟國城堡時，我希望你能幫我找出城堡其他的門痕，我們每天每天將一道一道的門都打開，城堡的每一個房間都像創意無限房一樣，作為發展的基地再往外延伸。」

小羽定睛看著粟王，久久沒有給出回應。於是粟王打破沉默說：「你覺得開門太花時間？還是你覺得我過於焦急？你可以告訴我你在想什麼嗎？」

小羽再次抓起粟王的手，意味深長地說：「粟王，我不覺得這是太花時間的事情，我也很樂意，只是，我不認為你需要我。」

粟王皺眉不解的看著小羽，小羽繼續說：「打開創意無限房時，你是用你的心眼把門打開，任何一個人包括我，用同樣的方式都無法打開那扇門，只有你可以，因為你是城堡的主人，而且是唯一的主人。」

粟王的眉頭漸漸鬆開，小羽接著說：「你具有用心眼打開門的能力，你一定能用心眼找到門，這是你原來就有的能力，只是你之前沒有注意這能力，現在你注意到了，你一定可以運用它，所以，我不覺得你需要我。回到城堡時，你可以試試，假若你發現你真的需要我，那我一定會協助你。」

小羽無限信任的話深深觸動了粟王，他感受到自

己的心臟在顫抖，千言萬語不知道說什麼話的他，選擇抓緊小羿的手並溫柔地將她拉到自己懷裡，緊緊抱著，久久都沒有放開；心裡想著：遇到這樣充滿智慧又善解我意的女人，我會用我的一生緊緊抓住。

一週後，粟王接到蟻蜂國二皇子的電話。

二皇子誇張興奮的說：「兄弟！我們做到了，我跟蘋果公主成功改善了引擎及車子燃料供應的方式，我們絕對可以創建像人類世界法拉利一樣的車子品牌！哈哈哈！我實在太優秀了！」

聽到二皇子的消息後，粟王相當興奮回說：「太好了！太好了！兄弟，你是我的驕傲！那你跟蘋果公主會不會提前來粟國？」

二皇子回說：「這就是我打電話的原因，我們會提前明天就來，我跟蘋果公主會開我們研發的跑車進入粟國，哈哈哈！真的太讓人興奮！好了，我已經好幾天沒睡了，我現在要去抱我的枕頭，我們明天見！」

粟王回說：「辛苦了，快點休息，明天見！」

嗡～嗡～嗡～嗡～汽車引擎的聲音透過書房的玻璃窗傳入粟王的耳裡。看到二皇子從一台鮮紅色的跑車踏出，正走近玻璃窗，粟王也隨即走到窗邊，於是兩人隔著玻璃擊拳打招呼。

相當興奮的兩人一個從內一個從外，各自走到城堡的大廳，見到對方後，強而有力地擁抱對方，並相互問好。這時，蘋果公主也走到大廳，粟王以恭敬有禮的姿態，向蘋果公主打招呼：「公主，你好，謝謝你們的努力！二皇子昨天在電話中跟我說了你們的成果，這實在是令人無比興奮的事情，我相信我們能撼動各個世界。」

蘋果公主具有乾脆的個性，她回以自信的笑容並說：「我同意！你有一個天才級的兄弟，沒有他，就沒有這成果！這合作的過程，我非常愉快！」

二皇子說：「哈哈哈！我的優秀從來都沒法掩蓋，哈哈哈！」

蘋果公主相當習慣二皇子自我認同的反應，因此，予以微笑並轉向粟王說：「我在粟國到處逛逛，稍後會回來，不打擾你們兩人相聚。」粟王及二皇子點頭表示感謝。

蘋果公主離開大廳後，粟王對二皇子說：「我的確有話跟你說，來，到我的書房來。」

二皇子心想，一定是要談車子對外宣傳及展覽的事，他已經有大概的計畫，且迫不及待的將各項想法與粟王分享，於是帶著興奮的心情與粟王一同走到書房。

兩人在書房沙發區坐下後，粟王以非常認真的表情看著二皇子說：「兄弟，與蘋果公主一起建立一個國家吧！是時候要建立一個屬於你自己的國家了！」

　　二皇子對粟王的話沒有反應過來，心想：粟王不是談車子而是要我建立國家？是聽錯了嗎？

　　粟王看到二皇子呆滯的表情，於是補充說：「兄弟，我跟你結拜的那一年，你來到我的城堡，與我一同設計了第七十五層的外牆，當時候你曾跟我說，你一生的夢想是要建立自己的國家。」二皇子愣住了，因為粟王說出了他的痛。

　　粟王開始變得激動，輕輕抓住二皇子的手臂說：「兄弟，你跟蘋果公主研發的成果就是本錢，是時候了，建立屬於你的國家！」

　　粟王放鬆了原本抓住二皇子的手，吐了一口氣後繼續說：「兄弟，我雖然非常希望你跟我一起擴展粟國，有了你，粟國的發展可能會快十倍，但是，我更想你擁有自己的國家，因為這是你的夢想。」

　　二皇子的眼眶紅了起來，凝重的回應粟王：「兄弟，既然你記得我的夢想，那你也一定記得我的父王及皇兄對我建立國家這事極力反對的態度。」

　　粟王眼睛緊緊看著二皇子，示意他記得。

　　二皇子強忍著快要流下的眼淚，繼續說：「我的確很想建立自己的國家，但我跟你不一樣，我沒有支持我的父王。我的父王曾跟我說：『如果你因為不是長子，無法繼承蟻蜂國而在外面建立自己的國家，那是對家族的背叛。』所以我不能。」

　　這時，粟王站了起來說：「兄弟，跟我來，我給你看一樣東西。」沒有給二皇子猶豫的時間，粟王已開始走離房間，於是二皇子拔腿就跟上。

　　粟王在一面牆壁前停下，左手手掌放在牆壁上，對二皇子說：「兄弟，你覺得這是什麼？」

　　二皇子疑惑的回說：「是一面牆，不是嗎？」

　　粟王說：「對，這是一面牆，這面牆由我五歲開始陪伴了我十五年。」粟王用手示意二皇子遠離他一點點，粟王閉上雙眼並伸出手，原本的牆壁瞬間變成了一扇大門。

　　二皇子對於眼前的景象不可置信，粟王順勢把門打開並說：「這是我的鋼琴房。」

　　二皇子目不轉睛地觀看曾被隱藏的房間，驚訝非常。

　　粟王說：「兄弟，再跟我過來。」沒有反應過來的二皇子聽話的跟著他。

粟王再次走到一面牆的外面，重複著牆壁變門、門變回牆壁、牆壁再變回門的魔術。

　　眼花撩亂的二皇子忍不住說：「兄弟，夠了，不要再變了，我現在知道你是一個魔術高手了，你真的是真人不露相。」

　　粟王沒有回應二皇子，而是逕自打開了這扇門，走進房間的沙發坐下，二皇子於是隨他後面一起進了這間黃綠色的房間，兩人並肩坐在黃綠色的沙發上。

　　粟王腦海回憶著童年並開口說：「五歲時，鄰國王子來城堡拜訪，我帶他參觀這黃綠色主題的創意無限房，他看到這房間時，用鄙視羞辱的語氣說：『黃色與綠色的組合代表低品味！若你喜歡這房間代表你是低品味，沒有潛能在設計方面發展。』當時的我相信了他的話，開始討厭這房間，把門關上時，不知道為什麼門就消失變成了牆壁。」

　　粟王看著這房間各樣的設計，意味深長的繼續說：「這不是唯一被我關上的房間，我關上了數百間房間，只剩下二十間。如果不是遇上小羽，我這城堡可能永遠只有二十間房而已。」

　　「我不是會變魔術，而是被別人的話矇騙了十幾年！因為別人的一句話，我居然就不相信自己，因為跟別人比較，我就失去了提昇自己的機會！鄰國王子隨意

說的一句話，讓我差一點錯過了小羽，因為我以為黃綠色是低品味！」

「當我嘗試找出每一道我關上的門時，我嚇到了，我居然為了別人的話及意見，活了十多年，但他們並不負責我的人生，無論我走得順利或不順利，對這些讓我關上門的人來說其實都不重要，他們只是習慣性地嘲諷及貶低別人。」

粟王把頭轉向二皇子並說：「兄弟，當我知道如何打開及關閉這些房間門時，我想到你，我想到你的夢想！我雖想留你，也想粟國擁有你，但我更想你幸福！」

粟王變得激動繼續說：「兄弟，不要為了別人的話毀了你，即便他們是你的父王及皇兄，他們也不會負責你的人生！你有無限的潛能，開創你夢想的國家吧！如果蜜蜂世界容不下你，宇宙之大，一定有容下你國家的地方，不要遮蔽你的光芒及才能！」

粟王的話讓二皇子撼動非常，也頓然醒悟。

不等二皇子的回應，粟王繼續說：「兄弟，汽車研發的成果，我為你感到自豪，我希望我們以國與國的關係談合作。」

這時，二皇子轉向粟王，緊緊的抱住他說：「兄弟，

謝謝你，跟你結拜是我人生的大幸！你等我，下一次，我會以國王的身份跟你見面，而我要錯過今晚跟你一起用餐的機會了！」粟王拍他的背表示支持。

二皇子像飛箭一樣，離開了創意無限房，去到城堡大廳時剛好遇到蘋果公主回來，於是他毫不遲緩地走向公主，停下腳步面對這美人，溫柔的舉起手輕輕碰觸她的額頭及面頰，柔聲說：「粟王的話讓我醒過來，所以我現在迫不及待去創建我夢想的國家，晚餐也不會吃了，蘋果，你願意當我的皇后陪我一起走嗎？」

蘋果公主以一貫乾脆及利落的語氣回說：「這麼優秀又有大志的人我不想錯過，一起走吧！」二皇子展現滿意的笑容並握著公主的手走出粟國城堡。

九年後，粟國舉辦慶祝建國十年的嘉年華會，場地為粟國城堡，為期三天，結合上百個領域的產品銷售及展覽、數百種才藝表演，開放跨世界的人參加。

嘉年華會開幕後，馬上湧入數十萬人潮，盛況無比。帶著派對眼罩的粟王及小羽，站在城堡的門外等待他們的貴賓。

嗡～嗡～嗡～嗡～一台禿鷹型的黑白跑車停在預留的停車位裡，一對俊男美女走出車子，認出帶著眼罩的粟王及小羽，並走向他們，男子擁抱粟王，女子擁抱小羽。

　　粟王調皮的說：「謝謝鷹蜂國國王及皇后大駕光臨！」於是鷹蜂國國王及皇后一人一拳，擊在粟王的左右胸肌，然後四人一同大笑，並肩走進城堡。

～故事完畢～

故事驛站

📌 人生是由內而外產生的結果，就像內心建立的城堡一樣，若心靈關上，產生的結果也會呈現關上的狀態。

📌 改變內在才能改變外在，建立內在的成功，就能建立外在成功。

📌 內心是自己的堡壘，只有自己能關閉及打開各項可能的門，所有能力都在自己手上，不在別人手上。

📌 注意自己內心的能力，應用它為自己打開每一道幸福的門。

📌 別人說出負面的話及負面價值觀讓你沮喪放棄時，他們並不負責你的人生；摒棄這些遠離成功的價值觀，選擇自己的道路。

📌 成功一直都在等待你，當你願意撥開阻礙尋找成功時，就能看見它向你招手。

知識庫

　　論斷之所以要注意它、辨認它、管理它、掌控它，是因為它是深層信念，也就是深層大腦程式及人生指示語；深層信念產生各種思想，思想再產生行為，重複的行為會建立習慣，再由習慣建構出人生結果。例如相信「寫作能幫助別人改變」的人，產生對寫作的熱情及正面思想，於是開始以不同方式進行寫作，並建立了每天寫作的習慣，最後成為了全職作家，以文字去幫助別人改變；換言之，突破論斷是為了改變信念，從而改變人生。

　　參考圖三的層階圖，習慣及人生結果是信念的產物，本章將介紹如何經由上而下（改變習慣→改變信念），以及由下而上（改變信念→改變結果）兩種途徑改寫人生。

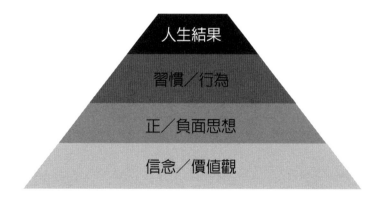

圖三、信念是人生結果的根基

對峙論斷習慣

　　論斷是一種思想習慣，第五章介紹了使用選擇、餵食、尊重、負責任、愛自己等方式擺脫對與錯的觀點從而脫離抗拒成功的能量，而這些方式皆需要結合打破習慣的策略才能打破潛意識的信念。

　　以一個渴望成為千萬富翁的有志青年為例，他喜歡金錢帶來的安心及成就感，成為有錢人是他的人生目標及夢想，但這夢想多年來都遙不可及，於是他開始注意自己的思想習慣。有一天，他在百貨公司逛街時，看到一項奢華產品價格相當高，心裡不經意的跑出「有錢人都是土匪，這些產品的成本應該是這價格的 2% 而已」的論斷；下一瞬間，青年再看到一個有錢人在百貨公司不問價錢正在掃貨，多位百貨公司職員尾隨這位有錢人以確認他擁有愉快的購物經驗，這時青年再產生「有錢人就了不起嗎？這麼多人服侍，真是炫耀自大！」的論斷想法。

　　以上的論斷反映出這青年有以下抗拒成功的信念：

🔍 有錢人都是欺詐別人才會有錢；

🔍 有錢人都沒有良心；

🔍 錢是萬惡之源；

🔍 有錢人都應該被鄙視。

　　這些信念連結了鄙視、羞恥、害怕等情感：鄙視有錢人賺錢方式、對有錢人賺的錢感到可恥、害怕自己成為邪惡的人、害怕擁有金錢後被別人鄙視等。

　　同樣或相類似的論斷想法，不會單單只出現一次，而是不斷在各種生活情景中不停重複，因為，這是習慣，要打破論斷的想法，需要打破習慣。

　　查爾斯‧杜希格（Charles Duhigg）撰寫的《為什麼我們這樣生活，那樣工作？》指出習慣的形成及運作皆經歷了三個步驟，包括提示、習慣行為、獎勵等，這流程也被稱為習慣迴路，如圖四所示。

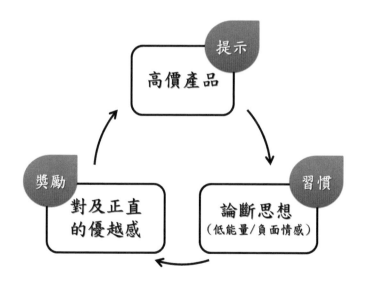

圖四、論斷的習慣迴路

慣性迴路第一步「提示」，是指觸發思想或行為的人事物，引起進行第二步「習慣」，大腦進入自動化模式產生慣性思想或行為，思想或行為結束後，大腦會產生第三步心理或生理的「獎勵」以利記憶這行為。

上述夢想成為千萬富翁的青年，當他看到高價產品時（提示），觸發昂貴、鄙視等低能量的負面情感，產生有錢人都是土匪的論斷思想（習慣），大腦再告知他這是對及正直的想法，從而產生優越感（獎勵）；這迴路在青年的大腦裡不斷重演以抗拒成為有錢人。

要怎麼打破這迴路？

一般行為習慣可以經由打破習慣迴路中任何一個流程達成，但論斷是思想，觸發該思想的源頭變化萬千並不固定，要在第一步提示或第三步獎勵中介入比較不容易，因此介入第二步習慣（論斷思想），將其轉變為

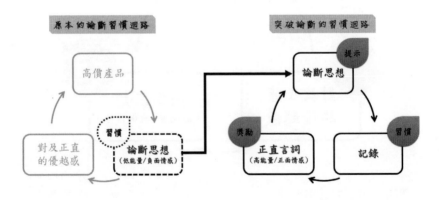

圖五、突破論斷習慣示意圖

第一步指示，重新建立新迴路，以突破原有的迴路，如圖五所示：當論斷思想產生（提示）時，馬上以手機或紙筆等方式記錄自己產生的想法（習慣），並將其改寫，記錄及改寫後再對自己說稱讚的言詞（獎勵）。

第二步記錄及改寫論斷的想法，除了用以打破論斷習慣外，也是重新建立正面信念的方式，以吸引正向能量。

第三步正面稱讚的言詞可以是：

🔍 我太棒了！我選擇突破論斷！

🔍 我太讚了！我餵食自己的是正能量！

🔍 我太好了！我懂得尊重別人的世界！

🔍 我太優了！我願意負責自己的想法！

🔍 我太酷了！我選擇愛自己！

當建立突破論斷習慣的過程，很多人會忘記稱讚自己（獎勵），但那是讓大腦產生多巴胺[1]（Dopamine）荷爾蒙的過程，也是幫助產生下一次行為動力的關鍵，因此其為不可或缺的重要步驟。

---

[1] 多巴胺：神經傳導物質的一種，可以根據感受的訊息去檢索記憶庫裡的資料，進而改變情緒；它是燃燒生命精力和熱情的賀爾蒙，也是旺盛的鬥志所必需。

擁有成為千萬富翁夢想的青年，以圖五突破論斷的方式，打破他舊有的信念，可以在他出現「有錢人都是土匪」這想法時（提示），辨認這是負能量的論斷，記錄這論斷並改寫為「到底怎麼樣才能建立品牌推出這種高價產品？這太有才了！」（習慣），再稱讚自己「我太棒了！我選擇突破論斷！」（獎勵）。

重複、重複、再重複是打破習慣的關鍵，只有重複才能讓大腦的連結不斷強化。大腦非常喜歡舒服及輕鬆的感受，舊有的習慣可以讓大腦非常輕鬆，所以，每一次企圖打斷它舊有的連結時，大腦會很狡猾的告訴你：「你嘗試過且成功了，足夠足夠！」然而，這只是誤導！有如「羅馬不是一天造成」的諺語，習慣及成功的信念也一樣，不是一天就能建立，必須重複。

那要重複多久才能建立新的習慣？

麥斯威爾・馬爾茲（Maxwell Maltz）是美國一位整容外科手術醫師，1989 年撰寫的《改造生命的自我形象整容術》一書中指出，一個進行整容的人經過約二十一天可以習慣新的容貌，並提出二十一天可以建立習慣的理念。其後，倫敦大學學院菲利帕・蘭利（Phillippa Lally）與她的研究團隊，進行習慣養成的研究，發現建立不同的新習慣，所需時間也不盡相同，例如每天早上喝水的習慣十八天可以建立，每天跑步的習慣約八個月才能建立，成癮的習慣就需要更長的時間才能戒掉，若要取平均時間，建立新習慣約六十六天。

因此，建立突破論斷的習慣，是根據不同的情況及不同的人而有所差異。堅持到發現自己不需要思考就自動進行的行為，就代表習慣已形成。

習慣是信念的產物，改變習慣、控制想法，人生將從此不一樣。

 ## 改寫潛意識

除了控制思想習慣外，改變潛意識舊有的信念，也是改寫人生的另一途徑。改寫信念必須先了解自己想要的結果，這結果的定立可以有兩種方式：一種是第三章中陳述的幸福感成功，定出為自己帶來幸福感的成功，再告訴潛意識你相信這是能夠達成的目標；另一種是通過論斷，了解曾被別人或外界灌輸的負面信念，從而在潛意識的層面改寫該信念，讓舊有信念不再成為障礙，如上述想要成為千萬富翁的青年，通過論斷發現自己具有「有錢人都是欺詐別人才會有錢」的信念，將其改為「我欣賞有錢人，有錢人是懂得找到機會的人。」

改變信念與改變習慣一樣，不是瞬間變魔術，而是需要日夜累積、一點一滴轉變的過程，這些改變是脫離別人價值觀的超越過程、是拾起控制權的過程、也是愛自己的過程，當定出目標並對自己作出承諾後，就可以開始改變潛意識信念的旅程。

✚ 腦波與潛意識

潛意識對很多人來說是非常抽象的概念，因此，可通過了解腦波以了解如何改寫潛意識。

簡單來說，腦波是大腦細胞活動產生的電磁波。人體無論是睡眠或進行任何的活動，大腦都在活動，不同的活動會產生不同的電磁波，也就是會形成不同的腦波。

科學家測量腦波，以赫茲[2]（符號：Hz）作為區分腦波的振動頻率單位，五種常被研究的腦波，依照不同的頻率，分為 δ 波（Delta waves）、θ 波（Theta waves）、α 波（Alpha waves）、β 波（Beta waves）、及 γ 波（Gamma waves）。圖六為科學家以腦電圖[3]描畫的腦波頻率圖。

如圖示，δ 波（0.5 ～ 4Hz）是五種腦波中頻率最低的腦波；它是無意識層面的腦波，也是嬰兒零到兩歲時主導的腦波，出現在深層睡眠、成人進入深層冥想狀態等情況。

---

[2] 赫茲是頻率的國際單位制單位，表示每一秒週期性事件發生的次數。

[3] 腦電圖（Electroencephalography, EEG）是一種記錄大腦活動的描記儀，其從大腦頭皮處收集各微弱生物電，並放大記錄而得到的曲線圖。

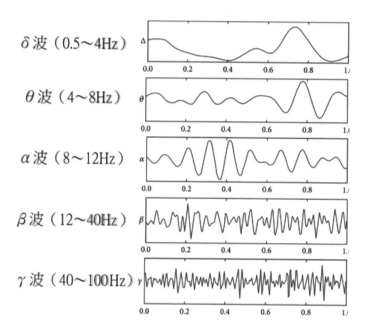

圖六、人類腦波頻率（低頻到高頻排列）

　　θ 波（4 ～ 8Hz）是頻率次低的腦波，是潛意識層面的腦波，也是兒童兩歲到六歲時主導的腦波，出現於催眠狀態、成人冥想、記憶、知覺、情緒、信念、夢境、冥想、淺睡狀態等情況。

　　α 波（8 ～ 12Hz）是介於意識與潛意識之間的腦波，也是孩童六歲到十二歲時主導的腦波，出現於放鬆、閉上眼睛、淺層催眠、冥想、專注此時此刻等情況。

　　β 波（12 ～ 40Hz）是意識層面的腦波，也是十二歲後主導的腦波，出現於緊張、壓力大、憂慮、專

注思考、邏輯推理等情況。

　　γ 波（40 ～ 100Hz）是最高頻的腦波，僧侶或修道士帶著憐憫情感進行冥想或進入充滿祝福及喜樂狀態時出現的腦波，也是具創意及處於高峰狀態時的腦波。

　　通過腦波可以了解到嬰兒及兒童的大腦，主要是處於較低頻率的 δ 波（Delta）、θ 波（Theta）、α 波（Alpha）等狀態，也就是，建構潛意識及各種信念的階段，大腦是以低頻腦波進行活動，因此，要改寫兒時建立的信念，可用各種方式例如催眠、冥想等讓大腦處於低頻腦波狀態（潛意識狀態），透過潛意識的語言向大腦輸入新的信念。

　　什麼是潛意識語言？五官感受及情感。例如，一個母親要教導孩子「火焰危險」的信念，單單說出火焰危險這四個字對孩子來說沒有任何意義，但當讓孩子看見火、感受火的的熱力、聽到火燃燒的聲音（五官感受），再加上母親害怕的表情及語氣（情感）時，小孩就能吸收「火焰危險」的概念。其他人生的信念也是用同樣的方式學習及吸收，所以，改寫潛意識舊有信念，用同樣的原理，通過五官感受及情感重新學習及灌輸新的信念。

　　接著將介紹自我催眠、日記及願望板等方式，助以改寫論斷的信念。這些方式有萬千種變化，改寫潛意識也不局限於這些方式，因此，可根據自身的情況作各種選擇。

謹記，不論是那一種方式，都需要重複、耐性及彈性。

✚ 自我催眠

　　催眠狀態是一種人體自然的狀態，每天的日常生活都必定會經歷催眠，例如睡前、早上剛醒來、看電影等都是不同程度的催眠狀態。

　　催眠是進入潛意識的一種方式，若用這方式進入潛意識有三個過程，一是放鬆的過程，也就是進入 α 波產生意識與潛意識的通道；二是想像的過程，也就是進入 θ 波，以想像力產生五官感受及情感，建立或改寫信念的過程；第三是清醒的過程，由 θ 波回到 β 波。

　　在第二個過程——想像的過程中，不一定需要在腦海產生影像或畫面，可以是聲音，也可以是概念，因為不同的人會以不同的方式吸收資訊。我剛開始學始催眠時，腦海無法出現任何影像，老師說我進入不了催眠狀態，令我持續一段時間感到相當沮喪，直到我進入美國催眠動力學院學習時才了解，那不是事實，想像的過程中，「想像」是重點，影像只是想像呈現的其中一種方式。

　　自我催眠讓自己在潛意識層面重新建立信念，須注意避免給予自己負面的建議，例如，遇到無理取鬧的客戶而處於一個非常生氣的狀態，回到家後，用自我催眠想像自己咀咒這客戶的景象，從而釋放憤怒。這時，

給予潛意識的建議是負面的咀咒及生氣的連結、遠離成功的能量及信念，所以，請避免在強烈負面情緒的狀態或無法分辨正負面能量的情況下使用自我催眠。

進行自我催眠須先了解自己的目標，例如以上一節提及的有志青年為例，他想要成為千萬富翁，但深層潛意識卻有著不相信自己能夠成為有錢人、鄙視有錢人、害怕成功後別人或朋友鄙視他是有錢人等信念。因此，他定立的目標是消除各項害怕的價值觀及建立相信的信念。

目標定立後，選取一個身體感受的關鍵字，例如：踏實、輕飄、輕盈、放鬆等，以利進入催眠狀態。青年選取了放鬆。

再選取一個感受的關鍵字，例如自信，成功，快樂，喜悅，滿足，平靜，鎮定等。青年選取了自信。

關鍵字是協助進入催眠狀態及產生大腦連結，不一定與目標有關係。

自我催眠的流程如下：

讓自己半躺或坐在一個舒服放鬆、頭頸部皆有支撐的地方以進行自我催眠。

躺下或坐下後，讓自己的雙眼集中專注在一個定點。

專注力轉移到呼吸，進行三到五下緩慢的深呼吸，

越慢越好，吸氣時數著節拍，吐氣時控制其長度為吸氣的兩倍，例如吸氣數了四下，吐氣為八下。

在第三或第五個深呼吸結束時閉上雙眼。

這時，讓自己的專注力轉移到頭頂，心裡想著身體感受的關鍵字，例如「放鬆」，讓身體產生放鬆的感覺並放鬆頭部肌肉。專注力轉移到雙眼，同樣心裡再次想著「放鬆」這關鍵字並讓眼睛周圍的肌肉放鬆。

現在專注力由雙眼移到下巴、頸部、臂膀、雙手、上半身、背部、大腿、小腿、雙腳，過程經過的每一個身體部位，心裡都想著「放鬆」這關鍵字，且讓周圍的肌肉放鬆。

全身的肌肉放鬆後，告訴自己並感受著：「全身的壓力、疲勞、負面的情緒都經由我的呼吸遠離我。」

現在由五數到零，數到零時，告訴自己感受的關鍵字，例如「自信」，並感受自信的感覺。

現在想像自己站在一條二十級的樓梯或一條向下行二十步的路徑上，無論是樓梯或路徑，都是能讓你感覺舒服、安全、放鬆的環境，當樓梯的影像或概念出現後，開始數並踏出左腳往下走，每行一級都感受到身體放鬆及充滿自信，「十九、十八、十七、十六、十五、十四、十三、十二、十一、十、九、八、七、六、五、

四、三、二、一、零！」心裡說三次「放鬆」。

接下來給自己各項親近成功的新信念。

例如「我具有成為千萬富翁的能力、我具有無限創意、我懂得欣賞別人、也懂得欣賞自己、成功機會被我發現因為我專注在成功、我不用追逐金錢，因為金錢會隨我而來、我追逐的是我的熱誠。」

現在想像自己達到目標的情景，這是個人化的情景，可能是自己開創的公司、房子、車子等，使用五官去感受，並注意看到、聽到及感受到各項事物。若腦海沒有出現影像或概念時，可以問自己：「當我達到目標時，我看見的是什麼？會聽到什麼聲音？會有什麼感受？」

五官感受是潛意識語言，所以產生感受非常重要。

目標的情景越來越清晰後，感受目標帶來的情感，是自豪？滿足？興奮？還是喜樂？感受這些情感，告訴自己：「這些情感是每天伴隨我的情感，這些情感是成功路上每一刻的情感。」

再次重複去感受這些感覺及目標。

接著由零數回到五，每數一個數字，再一次重複感受達到目標的感覺，零、這些感覺令你產生微笑、一、二、漸漸清醒，笑容掛在臉上、三、四、五，張開雙眼，告訴自己完全清醒，「零、一、二、三、四、五，完全

清醒」。

　　過程所需的時間，通常約十到二十分鐘。

　　催眠不是魔術，魔術不能改寫根深蒂固的潛意識，重複是關鍵，大腦不喜歡太多新的東西，所以避免讓它產生抗拒的方法是不要給它有負擔感，以上的過程，需要讓大腦漸漸熟識，一開始可能是十分鐘，重複一段時間如兩週後，可以嘗試去延長看到及感受目標的部分。

　　若不確定潛意識是否已經改寫信念，同一個信念可以嘗試重複三十到六十天。

✚ 超越對與錯日記

　　這是我每天睡前堅持的習慣。寫日記或寫作都不單單是拿起筆在紙上遊走的動作，而是像冥想一樣的專注過程，利用這專注的動作改寫潛意識，最理想的時間點是睡前、起床或將自己帶入催眠狀態後，因為睡前及起床後的三十分鐘內是人體自然進入催眠狀態、打開潛意識通道的時間，利用手寫的專注方式將各種新信念寫下，能讓大腦潛意識一點一滴地吸收以取代舊有抗拒成功的信念。

　　美國心理學家兼美國催眠動力學院創立人約翰・卡帕斯（Dr. John G. Kappas），是教導使用日記改寫潛意識的先驅人物，他曾幫助無數人以日記的方式改寫

人生，從收入數百萬美元的富翁到領取基本工資的人，都能通過這種方式改變信念突破人生。

實際的做法以每天在日記本寫下左右兩頁為例，左頁可以寫下每一天感恩的事項，以利在潛意識層面吸引正向能量及事物，例如感恩今天的天氣、自己的身體、睡的床、自來水電、用的各種電子產品、給予幫助的人、身邊的人、食物、路燈、街上的樹木、金錢、衣服等任何的事物。若想要發覺更多可以感恩的事項，建議閱讀由朗達‧拜恩撰寫的秘密叢書系列《魔法》一書。

右頁可以寫下新的信念、目標、目標出現的各項細節景像等。以擁有千萬富翁的青年為例，他意識喜歡錢，但潛意識卻鄙視有錢人，因此，寫下的信念可以是「越有錢就越能幫助更多人」；目標可以是短中長期的目標，寫下目標後花數十秒時間想像達到目標時的感受（潛意識語言），以讓大腦越來越熟識，越來越相信。

除了重複及專注外，注意寫在日記的事項是「想」要的事情，避免寫下「不想」要的事情，例如我不想吃苦瓜，這時大腦會產生所有與苦瓜相關的想法，包括苦、很難入口、綠色、苦瓜的口感等，這結果會讓大腦產生痛苦的連結，所以，若不想吃苦瓜，我會選擇寫「我想要吃很甜的草莓。」大腦就會專注在草莓上。

寫日記跟自我催眠一樣，一項目標或信念，重複約三十天到六十天，讓大腦漸漸熟識以排除舊想法。數量

的部分，一開始可以寫一頁，讓習慣建立後再增加頁數。

✚ 願望板

願望板是用各種圖像產生信念連結的方式，這方法利用大腦鍾愛視覺訊息的優勢，產生新的信念。願望板可以是一塊實體的紙板，張貼各項成功的圖像，例如貼上在雜誌上剪下的法拉利跑車圖片；也可以是利用手機或 iPad 等電子產品，在各項應用程式上貼上與目標相關的圖案。

十五年前，第一次嘗試用願望板吸引美好正面事物時，認為不可行亦感到相當失望，因為當時缺乏潛意識的概念及大腦的相關知識。但理解潛意識的運作方式後，發現這是一種相當有幫助改寫信念的工具。

使用願望板與寫日記的概念相類似，利用睡前及起床前三十分鐘時間，每天重複以圖像的方式灌輸給潛意識各種目標，從而改變深層信念。當然，任何時間看這願望板都對增強信念有幫助，只是睡前及起床時有較強大的效果。

無論是選擇自我催眠、超越對與錯日記或願望板任一種方式，或應用所有的方式（像我一樣），都要了解大腦具有強大的惰性，一天十到三十分鐘重複的習慣，意識層面看似相當容易，但潛意識卻不願意，因此，謹記以重複及輕量改變的方式進行信念改寫。

✚ 摘要

📢 同樣或相類似的論斷想法，不會單單只出現一次，而是不斷在各種生活情景中重複，因為，這是習慣，要打破論斷的想法，需要打破習慣。

📢 習慣的形成及運作皆經歷了三個步驟，包括指示、習慣行為及獎酬。

📢「羅馬不是一天造成」，習慣及成功的信念也一樣，不是一天就能建立的，必須重複。

📢 改變信念與改變習慣一樣，不是瞬間變魔術，而是需要日夜累積、一點一滴轉變的過程，這些改變是脫離別人價值觀的超越過程、是拾起控制權的過程、也是愛自己的過程。

📢 大腦是在低頻腦波的狀態進行活動建構潛意識及各種信念，因此，要改寫兒時建立的信念，可用各種方式讓大腦處於低頻腦波狀態，並透過潛意識的語言向大腦輸入新的信念。

　　📢改寫潛意識舊有信念，需通過五官感受及情感（潛意識語言）重新學習及灌輸新的信念。

　　📢改寫潛意識時，專注在「想」的事情，避免專注在「不想」的事情。

　　📢重複及輕量是改寫信念的訣要。

擁抱無限可能

　　看穿論斷，繼而擁抱無限成功的過程，其實也就是改寫信念、學懂擁抱生命無條件愛的學習過程。

　　高中時期代表學校參加辯論比賽時，學習了一個概念：提出的各個論點若能說服或觸動多數的評審，就能取得勝利，也就是，比賽的過程盡力讓多數評審點頭認同論點是「對」的，就能贏。然而，在比賽以外的時間，我從不間斷使用這辯論比賽的方式生活，時時刻刻說服別人什麼是「對」的事情，並以為自己是為他們指點迷津。

　　可是，生命的遊戲不是以這種對與錯方式進行。

　　生命本身就是愛，是無條件的愛，生命的遊戲以愛的方式運行，愛不存在對與錯，愛是尊重、包容、接納與支持。通過戀愛能更容易理解沒有對與錯的愛是長什麼樣子：

　　一對一拍即合正在熱戀的情侶，在一個風和日麗的下午逛街，女友對男友說：「我想要吃冰淇淋，但最近胖了一公斤，到底吃還是不吃好？」男友回覆說：「想吃就吃，怕什麼胖，你吃冰淇淋的樣子很可愛。」

　　三年後，女友與男友逛街，女友說想吃冰淇淋，男友回覆說：「吃什麼冰淇淋！你已經夠胖了，你看你的肚子，減肥後再想。」

生命的愛就像剛開始熱戀的男子一樣，用尊重、接納與支持的方式無條件地寵愛女朋友，不用理性去分析也不帶有任何論斷。

　　生命用愛去回應每一個人的信念，沒有對與錯，沒有好與壞，而是單單寵愛、單純去支持各項信念。

　　例如阿甲相信自己是倒霉王，生命基於無條件的愛，會讓各種倒霉的事情發生，以回應阿甲：「我愛你，你相信自己是倒霉王，我尊重你的想法並無條件的支持你。」各項倒霉事情發生後，阿甲論斷自己是超級無敵倒霉王。

　　阿乙相信男人都風流，於是生命基於無條件的愛，讓她不斷遇到風流的人，以結果回覆阿乙：「我希望你看到我的愛，你相信男人都風流，我尊重你的信念並無條件的幫助你。」不斷遇人不淑的經驗，阿乙論斷男人都有風流的個性。

　　阿丙相信貧窮的出身不重要，有頭腦就能成功，因此，生命用無條件的愛，提供各種指引給他，讓他成為成功的人，以向阿丙印證愛，阿丙成功的人生讓他論斷成功的關鍵是頭腦。

　　生命以無條件的愛在每一個的人生活中運行著，沒有對與錯，沒有黑與白，只有依據信念給予愛與保護。

　　大多數人都看不見這份愛，認為生活各種事情發生在他們身上，讓他們快樂、憂傷、忙碌、痛苦、滿足等，然而，生活各種事情都沒有偶然，皆是為了愛去回應每一人的信念而發生。

　　看不見這份愛時，看見的都是「對」。

　　阿甲說：「我前天坐公車時馬路發生嚴重交通意外大塞車；昨天坐火車時火車脫軌，上班人潮大堵塞；今天坐地鐵，居然遇到地鐵職員罷工，地鐵各線路癱瘓，我真的是一個倒霉到不能再倒霉的倒霉王！」

　　阿乙說：「我第一任丈夫與我最好的朋友出軌；第二任丈夫跟我結婚時有一個交往多年的女朋友，跟我離婚時還沒有與這女朋友分手；而我現在的男朋友跟我在外面吃飯時居然跟鄰桌三個女人搭訕，所以，男人都是風流的混蛋！」

　　阿丙說：「無意中發現一間新上市的公司，認為他們很有潛力，於是買了他們的股票，結果賺了人生的第一桶金，這桶金成為了開運動產品公司的資本；但很多顧客都反應物流太慢，因此，我研發出一套新的物流系統，這系統讓我另外再賺了三桶金，我雖然沒有博士學位，但我有腦袋，腦袋就是成功的關鍵，做人要像我一樣，要有腦袋。」

這些人的例子，無論是倒霉、心碎、成功，生命都根據他們深層信念的情感及能量作為辨識，並以無條件的愛作出回應，各項發生的事情都不是偶然的。

　　仔細聆聽自己的想法及別人的話語，會發現每個人都有各自「對」的理念，同樣的事情，一百個人抱持不一樣的想法，那一百種想法都能被證明是對的，因為生命用無條件的愛對待每一個人、用這份愛去保護每個人的信念。

　　既然是無條件的愛，為何不選擇建立幸福及成功的信念接受生命的寵愛及保護？既然改變信念人生就能不一樣，何樂而不為呢？

　　論斷「對」與「錯」讓我超過一半的人生活得相當自豪，當我嘗試尋找脫離論斷及批評的方式時，看到「對」只是一張白紙上的小黑點，也是吸取大腦專注力、讓人忽略黑點以外無數白點的心靈視覺障礙而已，再進一步去看為什麼「對」存在時，發現原來這是生命用愛進行保護的結果，所以，我不斷的努力，轉變信念，創造幸福的生活，接受生命的寵愛。

　　希望大家通過本書每一章節的內容，與我一起看清對與錯、看到生命無條件的愛，並一步一步突破舊有阻礙幸福的信念；當論斷自己、論斷別人時，不要被它掌控，而是利用它，發現隱藏的信念，抓緊每一天改變信念、改變人生機會，以接受無限的幸福及成功。

附錄
Appendix

第一章

✚ 論斷的程式

✚ 大腦的塑造

David Eagleman (2015). The Brain: The Story of You. Great Britain: Canongate Books.

Dale Purves, George J. Augustine, David Fitzpatrick, William C Hall, Anthony-Samuel LaMantia, Leonard E. White (2012). Neuroscience 5th Edition. USA: Sinauer Associates.

American-born Chinese (2018). Retrieved from https://en.wikipedia.org/wiki/American-born_Chinese. (Dec 10, 2018)

✚ 意識與潛意識

Bruce H. Lipton, Ph.D. (2018). The Biology of Belief (Lecture Note) Retrieved from https://www.hayhouseu.com/

The Backwards Brain Bicycle (2015). Retrieved from https://www.youtube.com/watch?v=MFzDaBzBlL0\ (Dec 20, 2018)

Ferris Jabr (2012). Does Thinking Really Hard Burn More Calories?. Retrieved from https://www.scientificamerican.com/article/thinking-hard-calories/ (Dec 20, 2018)

✚ 對與錯的大腦程式

Dr. Michael Ryce (1997). Why Is This Happening To Me Again?!. USA: Dr. Michael Ryce.

第二章

✚ 1% 的資訊

✚ 想太多與直線條

John G. Kappas, Ph.D. (1984). Improve Your Sex Life Through Self-Hypnosis. New Jersey: Prentice-Hall.

John G. Kappas, Ph.D. (2013). Professional Hypnotism Manual, 6th Ed.. California: Panorama Publishing Company.

✚ 午餐肉的世界

Prudential: Everybody's Doing It (2013). Retrieved from https://www.youtube.com/watch?v=BgRoiTWkBHU (Dec-15,2018)

維基百科──公仔麵 (2018)。檢自 https://zh.wikipedia.org/wiki/%E5%85%AC%E4%BB%94%E9%BA%B5 (Jan-20, 2019)

✚ 處理器的限制

Byron Lewis(2012). The Magic of NLP Demystified, 2nd Ed..UK: Crown House Publishing Limited.

芝健太 (2012)。讓人生好得不得了的 NLP 超入門。台灣：世茂出版社。

George Markowsky (2017). Encyclooaedia Britannica - Information Theory. Retrieved from https://www.britannica.com/science/information-theory/Physiology. (Dec 15, 2018)

✚ 專注的遊戲

T. 哈福・艾克 (2005) 有錢人想的和你不一樣。台灣：大塊文化。

Matthew Walters, Orna Walters (2013). What Is Your Love Imprint?(Lecture Note). Retrieved from https://hypnosis.edu/

第三章

✚ 程式的初探

✚ 幸福感的成功

尼爾森（Charles A. Nelson III），福克斯（Nathan A. Fox），齊納（Charles H. Zeanah, Jr.）（2013），孤兒淚，科學人雜誌：生命科學，檢 自 http://sa.ylib.com/MagArticle.aspx?Unit=featurearticles&id=2179 (Dec 26, 2018)

The Bucharest Early Intervention Project (2017). Retrieved from http://www.bucharestearlyinterventionproject.org/index.html (Dec 30, 2018)

David Eagleman (2015). The Brain: The Story of You. Great Britain: Canongate Books.

Robin Casarjian (2007). Houses of Healing: A Prisoner's Guide to Inner Power and Freedom. Boston: The Lionheart Foundation.

✚ 奇人與天才

Miyazaki, K. (1998). Musical pitch identification by absolute pitch possessors. Perception and Psychophysics, 44, 501-512.

Siamak Baharloo, Paul A Johnston, Susan K Service, Jane Gitschier, and Nelson B Freimer (1998). Absolute Pitch: An Approach for Identification of Genetic and Nongenetic Components. Am. J. Hum. Genet, 1998 Feb, 62(2):224–231.

Musical U Team(2017). About Perfect Pitch, Retrieved from https://www.musical-u.com/learn/about-perfect-pitch/ (Dec 28, 2018).

Musical U Team (2016). Perfect Pitch: Can It Be Learned?. Retrieved from https://www.musical-u.com/learn/perfect-pitch/ (Dec 28, 2018).

Musical U Team (2013). How can I get perfect pitch?. Retrieved from https://www.musical-u.com/learn/how-can-i-get-perfect-pitch/ (Dec 28, 2018).

Oxford Dictionary: Neuroplasticity(2018), Retrieved from https://en.oxforddictionaries.com/definition/neuroplasticity (Dec 28, 2018)

✚ 迷宮的指示語

David Russell (2018). When you fall: The story of Heather Dorniden. Retrieved From http://www.managetowin.com/blog/2018/6/14/when-you-fall-the-story-of-heather-dorniden.html (Dec 30, 2018)

Don't Miss it-Heather Dorniden the race (2017). Retrieved from https://www.youtube.com/watch?v=-5rtmAtrOcI (Dec 30, 2018)

Brent Yarina (2012). A race to remember: 'I had no idea I fell like that' in inspirational 2008 run. Retrieved from http://btn.com/2015/06/03/a-race-to-remember-i-had-no-idea-i-fell-like-that-in-inspirational-2008-run/ (Dec 30, 2018)

生命滿希望，前路由我創 (2014)。檢自 https://www.youtube.com/watch?v=EdU9E72vAZ0 (Dec 30, 2018)

History.com Editors (2009). HISTORY: Thomas Edison. Retrieved from https://www.history.com/topics/inventions/thomas-edison (Dec 31, 2018)

✚ 倒推式檢視

Scott Wetzler (1993). Living with the Passive-aggressive Man, Reprint edition. New York: Touchstone.

第四章

✚ 論斷的真面目

✚ 遊戲規則

Wallace D. Wattles (2015), Wallace D. Wattles Ultimate Collection – 10 Books in One Volume: The Science of Getting Rich, The Science of Being Well, The Science of Being Great, How to Get What You Want and more. USA: e-artnow.

Dominic Clarke, Heather Whitney, Gregory Sutton, Daniel Robert (2013). Detection and Learning of Floral Electric Fields by Bumblebees. Science, 340, p66-69.

布萊利 ‧ 尼爾森（2017）。情緒密碼。台灣：方智出版社。

江本勝（2002）。生命的答案水知道。台灣：如何出版社。

Masaru Emoto (2008). Office Masaru Emoto. Retrieved from https://www.masaru-emoto.net/en/ (Jan 05, 2019)

Masaru Emoto's Rice Experiment (2010). Retrieved from https://www.youtube.com/watch?v=Ehlw-9PJkIE (Jan 10, 2019)

Dr. Joe Vitae (2010). The Secret to Attracting Money (Audio CD). USA: Simon & Schuster Audio/Nightingale-Conant.

Isaac Lidsky (2017). Eyes Wide Open: Overcoming Obstacles and Recognizing Opportunities in a World That Can't See Clearly. USA: TarcherPerigee.

✚ 論斷的魅力

✚ 正面的自我論斷 － 模特兒的程式

Facebook- 維基百科 (2019). Retrieved from https://zh.wikipedia.org/wiki/Facebook (Jan 05, 2019)

✚ 負面的論斷他人 - 生理與心理不一致

Shawna Williams (2018). TheScientist: Are the Brains of Transgender People Different from Those of Cisgender People?. Retrieved from https://www.the-scientist.com/features/are-the-brains-of-transgender-people-different-from-those-of-cisgender-people-30027 (Jan 15, 2019)

Harry Benjamin, M.D (1966). The Transsexual Phenomenon. New York: The Julian Press.

梁詠恩，何春蕤老師（2012）。是非男女──本土跨性別閱讀手冊──香港版。香港：跨性別資源中心。

A.-M. Bao, D.F. Swaab (2011). Sexual differentiation of the human brain: Relation to gender identity, sexual orientation and neuropsychiatric disorders. Front Neuroendocrin, 32(2):214-26.

J.-N. Zhou et al. (1995). A sex difference in the human brain and its relation to transsexuality. Nature, 378:68-70.

A. Guillamon et al. (2016). A review of the status of brain structure research in transsexualism. Arch Sex Behav. 45:1615-48.

E.S. Smith et al. (2015). The transsexual brain - A review of findings on the neural basis of transsexualism. Neurosci Biobehav R. 59:251-66.

林美吟（譯）（2012）。變態心理學（原作者：Ronald J. Comer）。臺北市：心理。頁496~500。

✚ 職場的論斷

Dr. Michael Brooks (1991). The Power of Business Rapport 1st ed. USA: HarperCollins.

Belle Beth Cooper (2016). Buffer: Why Positive Encouragement Works Better Than Criticism, According to Science. Retrieved from https://blog.bufferapp.com/why-positive-encouragement-works-better-than-criticism-according-to-science (Jan 20, 2019)

> 第五章

✚ 超越對與錯

✚ 突破第一站──選擇

Louise Hay (1984). You Can Heal Your Life, 2nd Edition. USA: Hay House.

> 第六章

✚ 掌控人生的策略

✚ 對峙論斷習慣

查爾斯‧杜希格（2012）。為什麼我們這樣生活，那樣工作？。台灣：大塊文化。

James Clear (2018). The Habits Academy: Master's (Lecture Notes). Retrieved from https://habitsacademy.com/ (Nov 06, 2018)

蔡曉信老師、葉名倉教授 (2009)。科學 Online：高瞻自然科學教學資源平台：神經傳導物質（一）。檢自 http://highscope.ch.ntu.edu.tw/wordpress/?p=2994（Feb 06, 2019）

Maxwell Maltz (1989). Psycho-Cybernetics: A New Way to Get More Living Out of Life. USA: Pocket Books.

Phillippa Lally, Cornelia H. M. van Jaarsveld, Henry W. W. Potts, Jane Wardle (2010). How are habits formed: Modelling habit formation in the real world. European Journal of Social Psychology. Vol. 40(6): 998-1009.

James Clear (2018). Atomic Habits: An Easy & Proven Way to Build Good Habits & Break Bad Ones. USA: Avery.

✚ 改寫潛意識

✚ 腦波與潛意識

Roger Ellerton Phd, ISP, CMC (2008). Renewal Technologies Inc: Brainwaves. Retrieved from http://www.renewal.ca/nlp55.html (Feb 07, 2019)

Brainworks Team. Brainworks: What Are Brainwaves?. Retrieved From https://brainworksneurotherapy.com/what-are-brainwaves (Feb 07, 2019)

林三永（2011）。科學人雜誌：何謂腦波。檢自 http://sa.ylib.com/MagArticle.aspx?Unit=easylearn&id=1820 (Feb 07, 2019)

Dawson Church, Dr. Joe Dispenza (2018). Mind to Matter: The Astonishing Science of How Your Brain Creates Material Reality. USA: Hay House.

維基百科──赫茲（2018）。檢自 https://zh.wikipedia.org/wiki/%E8%B5%AB%E5%85%B9 (Feb 07, 2019)

Retrieved from https://medlineplus.gov/ency/article/003931.htm (Feb 08, 2019)

維基百科──腦電圖 （2018）。檢自 https://zh.wikipedia.org/wiki/%E8%85%A6%E9%9B%BB%E5%9C%96 (Feb 08, 2019)

✚ 超越對與錯日記

John G. Kappas, Ph.D. (2014). Success is not an Accident, 5th ed. USA: Panorama Publishing Company.

圖片來源

圖一 ©Abundzu/Adobe

圖二、圖三、圖四、圖五 ©Beyond Ego Company Ltd.

圖六 ©Hugo Gamboa/Creative Commons Attribution-Share Alike 3.0 Unported©GFDL

Photo combined with 5 files with addition Chinese description. Files including

1.Eeg alpha.svg. Retrieved from https://upload.wikimedia.org/wikipedia/commons/e/ee/Eeg_alpha.svg (08 Feb, 2019)

2.Eeg delta.svg. Retrieved from https://upload.wikimedia.org/wikipedia/commons/5/54/Eeg_delta.svg (08 Feb, 2019)

3.Eeg theta.svg. Retrieved from https://upload.wikimedia.org/wikipedia/commons/3/33/Eeg_theta.svg (08 Feb, 2019)

4.Eeg beta.svg. Retrieved from https://upload.wikimedia.org/wikipedia/commons/2/28/Eeg_beta.svg (08 Feb, 2019)

5.Eeg gamma.svg. Retrieved from https://upload.wikimedia.org/wikipedia/commons/2/21/Eeg_gamma.svg (08 Feb, 2019)

國家圖書館出版品預行編目資料

超越對與錯：看穿論斷創造無限可能 / 歐倩文著. -- 初版. --
臺北市：博客思, 2019.08
　面；　公分
ISBN 978-957-9267-17-5(平裝)
1.自我實現 2.成功法
　　　　177.2　　　108007042

心理研究4

超越對與錯──看穿論斷創造無限可能

作　　者：歐倩文
編　　輯：陳勁宏
美　　編：陳勁宏
校　　對：楊容容
封面設計：陳勁宏
出 版 者：博客思出版事業網
發　　行：博客思出版事業網
地　　址：台北市中正區重慶南路1段121號8樓之14
電　　話：(02)2331-1675或(02)2331-1691
傳　　真：(02)2382-6225
E-MAIL：books5w@gmail.com或books5w@yahoo.com.tw
網路書店：http://bookstv.com.tw/
　　　　　https://www.pcstore.com.tw/yesbooks/
　　　　　博客來網路書店、博客思網路書店
　　　　　三民書局、金石堂書店
總 經 銷：聯合發行股份有限公司
電　　話：(02) 2917-8022　　傳 真：(02) 2915-7212
劃撥戶名：蘭臺出版社 帳號：18995335
香港代理：香港聯合零售有限公司
地　　址：香港新界大蒲汀麗路36號中華商務印刷大樓
　　　　　C&C Building, 36,Ting, Lai, Road, Tai,Po, New,Territories
電　　話：(852)2150-2100　　傳真：(852)2356-0735
出版日期：2019年8月 初版
定　　價：新臺幣300元整（平裝）
ISBN：978-957-9267-17-5